THE THEORY OF TEACHING PROFESSION

教職論

保育者・教師の仕事をつかむ

木山徹哉/太田光洋

[編著]

ミネルヴァ書房

はじめに

　体系的・組織的な教育活動が開始されて以来，教育活動に従事する保育者・教師や教職に対する"まなざし"は，ときに尊敬や憧れをもって，またときに期待や批判をもって向けられてきました。

　こんにち，保育者・教師や教職に対するまなざしが厳しくなったと言われます。一つは，知識基盤社会における学力のとらえ直しとそれに対応する授業力など教育技術の質の向上への期待が挙げられるでしょう。基礎的・基本的知識および技能の定着とそれを活用し諸課題を解決する思考力・判断力・表現力等の育成，このような「確かな学力」を育成するための教育技術や指導力を身につけた保育者・教師が望まれています。2つ目は，保育者・教師が提供する学びに違和感を抱いたり不適合を来したりする子どもたちへの対処が問われています。自然環境，社会環境，および文化的環境の変化の中で，子どもたちの育ちも変容しており，従来の子ども理解ならびに指導観の転換が求められています。3つ目に，子どもの育ちの背後にある保護者の教育観や教育要求にいかに適切に対応するかがいっそう求められています。家族の形態および保護者自身の生き方の多様化，これらによって保護者の子育て観・教育観も多様になってきています。さらに4つ目には，子ども，家庭，および地域社会の変容がもたらした複雑化，困難化する教育問題に対して，学校および学校を取り巻く多くの人びとや機関が総体として（協働して）どのように取り組むかが問われる中で，保育者・教師や教職の専門性や職務が問い直されようとしています。

　以上のような厳しくかつ期待が込められたまなざしの現状を踏まえつつ，本書では以下の点について考えていきます。

　第一に，これまでの保育者・教師や教職に向けられてきた期待や批判を辿り，こんにち保育者・教師や教職に求められる専門性をあらためて探ります。専門性への問いは，本書全体を通して展開されますが，第1章「教職へのまなざ

し」では，国家および研究者の意思が反映されたまなざしや，保護者や子どもの，あるいは社会などの多様なまなざしを通して，保育者・教師や教職の専門性について考えます。また第7章「保育・教育と他領域の協働」では，教育と福祉，保健・医療，心理との協働の必要性，ならびに協働の内容および方法を問うています。複雑化・困難化する近年の保育・教育問題に対処するため，保育・教育と他領域の専門性の協働，あるいは保育者・教師や教職の専門性の拡張と深化の視点から述べます。この章は，本書の特色の一つとして位置づけています。

　第二に，保育者・教師の専門性を問うために彼らの教育活動の具体相を描きます。保育者・教師の一日の仕事の具体的内容，子ども理解にかかる課題，教室における授業や活動の創造と実践など，これらの現状把握と課題解決に向けた考え方を提示します。これらについては，第2章「保育者・教師の仕事」，第3章「子どもを理解するということ」，および第4章「保育者・教師は活動・授業をどのようにつくるか」において主として述べることになります。

　第三に，保育者・教師の保育・教育技術の継承および向上，あるいは人間関係構築能力やコミュニケーション能力の向上に資する重要な要素として，保育者・教師の表現力ならびに保育者・教師集団のもつ力量について，それらの現状と今後検討すべき課題を示します。第5章では，「保育者・教師の表現力（パフォーマンス）」に章全体の紙幅を割いており，本書の特色の一つとして位置づけています。保育者・教師集団については，第6章「保育者・教師集団のあり方」が担います。

　そして最後に，第8章「教職へのアプローチ」において，教職を志す人たちがその目標にアプローチするために必要な教員養成制度のしくみや，教員養成課程の全体構成ならびに教育実習の目的，意義，および実際，さらには教師の採用のプロセスや，教師の研修の内容などについて述べています。

　「保育者・教師の仕事をつかむ」は，本書の副題に掲げたフレーズですが，私たち執筆者は，読者が本書を通じて教職に関する情報を"つかむ"ことができるように願って作成しました。"つかむ"という言葉を使用した意味につい

はじめに

て，最後に述べておきましょう。私たちは"つかむ"という言葉に2つの意味を込めています。一つは，「要点をつかむ」ということです。本書は，既述のように全8章から構成され保育者・教師や教職に関する主要な内容は盛り込んでいますが，すべてを網羅しているわけではありません。たとえば，保育者・教師や教職の歴史，保育者・教師の地位や職責等に関する法令や制度，およびそれらの諸外国との比較など，少なくとも正面からは取り上げていない項目があります。しかし，本書で取り上げた8つのテーマ（章）は，次代の教職を担うみなさんに向けて私たちがとくに要点として選んだものです。まず本書から教職への道を歩みはじめてください。

もう一つは，「手に入れる」あるいは「自分のものにする」という意味です。私たちは各章で，教職を理解するために必要と思われる情報を示しながら，各テーマ（事項や事象）の現状批判や課題解決の見通しについて記述しているところも少なくありません。それらの批判や見通しは，唯一の正答ではないかもしれません。しかし読者の皆さんは，批判や見通しの背後にある私たちの主張にふれながら，自身としてはどのように考えるか，自問することになるでしょう。つまり，教職に関する基本的な情報を一つの視座（フィルター）を通すことによって，もっと言えば反芻することによって理解する，このような意味でも"つかむ"という言葉を使用しています。

また本書では，基本的な情報をより具体的に理解できるように事例を多く提示しています。とりわけ，「保育者・教師の仕事」（第2章）や「子どもを理解するということ」（第3章）などです。読者のみなさんが具体的事例を通じて，保育者・教師の仕事やその対象である子どもを，表面上の理解ではなく，まさに"つかむ"（「手に入れる」，あるいは「自分のものにする」）ように歩みはじめてほしいと思っています。

本書における「教師」「教員」などの語の使用について説明しておきましょう。「教師」「保育者」の両者を意味する場合は，「保育者・教師」と表記しました。「教師」「保育者」のどちらかを限定的に意味する場合は，それぞれ単独で使用しました。また，「教員」と「教師」は，原則として「教師」を使用し

ましたが,「教員養成」や「教員評価」など,一般に「教員」が使用されている場合は,そのまま「教員」としました。さらに,「教職」「保育職」については,原則として「教職」を使用しましたが,「保育職」を限定的に意味する場合は,そのようにしました。

 2017年3月

編者を代表して 木 山 徹 哉

目　　次

はじめに

第1章　教職へのまなざし……………………………………………1
　　1　"まなざし"とは……2
　　2　2冊の絵本のはなしから……3
　　3　教職に対する受験生や社会のまなざし……4
　　4　教師を取り巻く環境の変化……8
　　5　法制度のまなざし……11
　　6　教員養成の新たな動き――背景にあるまなざし……14
　　7　教育課程における教師の意思……17
　　8　「教員評価」というまなざし……18
　　9　子どもへの責任と社会的要請の理解……21

第2章　保育者・教師の仕事
　　　　――一日の保育・教育活動を描く………………………25
　2-1　保育者の仕事……………………………………………26
　　1　幼稚園での子どもの生活……26
　　2　保育者の一日……29
　　3　保育者の基本業務……36
　　4　保育者が抱える課題とその対応……40
　2-2　小学校教師の仕事………………………………………45
　　1　小学校学級担任の基本業務……45
　　2　小学校教師の仕事の多様性……51
　　3　教師が抱える課題とその対応……55
　　4　今後望まれる教師の仕事のあり方……59

v

第3章　子どもを理解するということ……63
　1　子ども理解の諸側面……64
　2　生きる子どもを理解する……68
　3　子どもを理解するために「子どもをよく見る」ということ……81
　4　多様な子どもへの配慮……83

第4章　保育者・教師は活動・授業をどのようにつくるか…87
4-1　保育をつくる……88
　1　教育目標・ねらいをどのようにつくるか……89
　2　指導計画（日案）をどのようにつくるか……95
4-2　授業をつくる……101
　1　授業のねらい・目標をどのようにつくるか……101
　2　学習指導案はどのように作成されるか……109
　3　実践をどのように評価するか……113

第5章　保育者・教師の表現力（パフォーマンス）……117
　1　演劇的観点からみる保育者・教師の表現力……118
　2　表現における意味伝達と感情伝達の共存……120
　3　非言語表現……121
　4　保育者・教師における特有の表現力……131

第6章　保育者・教師集団のあり方……139
6-1　保育者の集団……140
　1　保育者とは……140
　2　こんにちの保育者集団の属性……141
　3　保育者集団におけるジェンダー……143
　4　保育職文化とその継承・変革……147

6-2　小学校教師の集団……………………………………………155
　　　　1　なぜ，"集団"を考えるか……155
　　　　2　小学校教師のジェンダー……156
　　　　3　教師の同僚関係の現在……158
　　　　4　同僚性や協働性を育む装置……161

第7章　保育・教育と他領域の協働………………………………165
　　7-1　保育・教育と子ども家庭福祉…………………………166
　　　　1　児童虐待に対する教育・福祉の協働……166
　　　　2　配慮を必要とする子どもの支援に関する保育・教育と福祉の協働
　　　　　　……173
　　　　3　教育とスクールソーシャルワーカー（SSW）の連携……177
　　7-2　保育・教育と保健・医療………………………………182
　　　　1　乳幼児期の保育と保健・医療……182
　　　　2　学童期の教育と保健・医療……189
　　7-3　保育・教育と心理………………………………………197
　　　　1　乳幼児期の保育と心理……197
　　　　2　学童期の教育と心理……201

第8章　教職へのアプローチ………………………………………211
　　　　1　教員養成の制度……212
　　　　2　教師の採用・配置，研修，服務……219
　　　　3　少子化と教員養成の今後……229

索　引

第1章
教職へのまなざし

　保育者や教師（教職）に対して向けられる願いや期待，あるいは不信や批判，これらをここでは「まなざし」と呼んでいます。そのまなざしは，教職の専門性に対する認識のありようを示します。本章では，法令等に反映される国家の意思としてのまなざしのほか，受験生の進路相談などを通してみる私的な意思としてのまなざし，あるいはまた教育学研究者のまなざしなど，こんにちにいたる多様なまなざしを取り上げながら，教職の専門性に対する認識の現状や今後の課題について考えます。

【キーワード】

まなざし　教育の自立　職業威信　でもしか先生　プライバタイゼーション　学校の再編　教育公務員　職務の無限定性　評価の猶予性　職務の非対価性　サラリーマン教師　教師聖職論　教員評価制度

第1章　教職へのまなざし

1　"まなざし"とは

　はじめに，本章のタイトルに使用している「まなざし」という言葉の意味を確認しておきましょう。広辞苑ほかいくつかの辞書を調べると，「まなざし」には「目つき」とか「目の表情」，あるいは「視線」などといった意味があてられています。また，「熱いまなざしを向ける」とか「疑いのまなざし」という用例も示されています。このように「まなざし」には，「熱い」「疑いの」，あるいは「優しい」「鋭い」などが付され，見る対象への尊敬や期待，あるいは不信や批判などの意味が込められます。本章の「教職へのまなざし」は，保育者・教師および教職の専門性に対するそのような多様な意味をもつ語句です。

　まなざしの主体はだれか，という点についても確認しておきます。つまりだれが尊敬や期待を，あるいは不信や批判を表明しているかも，まなざしを主題にする場合，大切だと思います。具体的に言えば，まなざしの主体が文部科学省であるのか，保護者であるのか，世間（社会）であるのか，あるいはまた子どもであるのかなど，それぞれのまなざしのありようが異なるでしょう。これから保育者・教師になろうとしている人，そして現在保育者・教師である人は，どうして教職に就こうと思ったのでしょうか。その思いもまなざしと言えるでしょう。

　保育者・教師あるいは教職はこうあるべきだという意思ないしは規範の表現（表明）もまなざしと呼ぶことができます。その表現の一つは法令です。日本の場合，保育者・教師や教職に関する法令と言えば，教育職員免許法や教育公務員特例法が代表的ですが，そのほかにもそれぞれの時期に文部科学省等教育行政を通じて公にされる通達等も，表現の一つです。

　保育者・教師あるいは教職を研究対象とする研究者のまなざしというものも重要です。たとえば，佐藤学は近年教師が喪失したものとして，「公共的使命（public mission）」，「保護者や市民との責任の共有にもとづく信頼と連帯」，

「教職の専門職性」,「教育実践の創造性と自律性」,「教育専門家としての地位と待遇」を挙げています（佐藤・秋田ほか, 2016, p. 3）。非常に厳しいまなざしですが, そこには教師および教職のあるべき専門性への尊厳と期待があると考えられます。

　以上, 本章で取り上げるまなざしという言葉が含む意味について述べてきました。ここで示したまなざしの主体, まなざしの意味（尊敬, 信頼, 期待, 批判など）を念頭に置きながら, 以下の文章を読んでほしいと思います。

2　2冊の絵本のはなしから

　みなさんは,『ぞうのせなか』（秋元・網中, 2007）という絵本を読んだことがあるでしょうか。死期を悟ったぞうの父親が, 毎夜ほうぼうへ出かけ, 気づかれないように後をつける息子のポッポにさまざまな知恵や思い, 言い換えれば文化や価値などを伝えようとする話です。ある夜, ぞうの父親はしばらく歩いたのち草原の水場にたどりつきます。別の夜には, 森をぬけ虎のいる洞穴にたどりつきます。これらは, 大切にすべき糧や覚悟しなければならない危険に気づかせる父親のふるまいです。ぞうの父親が息子（次の世代）に文化や価値などをつなぐこの営みに, 私は教職の使命を重ねてみます。たしかに, 血の通った親子の心情と教師―児童生徒関係のそれとは同じではないと言われるかもしれません。しかし, 自身が生きた時代に経験し獲得した文化や価値を次の世代へとつないでいくためにつねに意を用いることは, まさに教職にある者の志業でしょう。

　もう一つ,『わすれられないおくりもの』（バーレイ, 1986）という絵本は知っていますか。物知りで賢く, みんなから慕われ頼りにされるアナグマは, 年老いて死期を悟り, やがて「長いトンネルのむこうへ行くよ……」という手紙を残し逝ってしまいます。あとに残った仲間たちは, アナグマからもらったおくりもの, つまり知恵や工夫, あるいは文化や価値などを共有しながら生きていきます。この絵本に対しては, さきの『ぞうのせなか』と同じように死別に

ついて考える本とか，あるいは仲間の大切さを描く本などという評がありますが，わたしはやはり，文化や価値などを仲間や世代間で共有したりつないだりするという内容に惹かれます。

　本章では，保育者・教師あるいは教職に対する多様なまなざしについて取り上げます。読者のみなさんは，それら多様なまなざしについておそらくさまざまな意見や評価をもつでしょう。しかし，本章では『ぞうのせなか』や『わすれられないおくりもの』で表現されるような，文化や価値を次の世代へとつなぐことを，「まさに教職にある者の志業」としてとらえ，それぞれのまなざしを検討してほしいと思います。

3　教職に対する受験生や社会のまなざし

（1）「教職の意味」に関する相談

　以下の文章は，web上に掲載された「教職の意味」に関する相談の内容です。ここに示す相談内容は，既述の「まなざしの主体」という意味では，受験生およびその保護者のまなざしということです。この節では，その主体をさらに広げて，教職に対する社会のまなざしにも言及します。

　　教員になる気はないのに，教員免許を取ることは，意味がありますか？私は，大学2年生です。また，私は教育学部ではありません。私は，将来，教員になるつもりはないのですが，教職課程を履修しています①。
　　それは，母が，大学でしか取れない資格を何か取っておけと言うので，履修しています。
　　私の大学では，教員に本気でなりたいという人以外は，教職課程を今後取るのはやめてください，というのを強調しています。免許だけ取っておこう，という軽い気持ちで取れるものではないように組まれているそうです②。
　　なので，以前，母に，教職課程を取るのはやめたいと言ったのですが，それじゃあ他に大学でしか取れない資格をなにも取らないことになるから，

大学に行ってる意味ないじゃん，それだけはダメだ，ということを言われました。また，<u>教員免許があれば，就職でも役立つし，いざとなれば教員になることもできる</u>③，と言っています。

　今回，この冬の間に，母校に教育実習のお願いを電話でしなくてはならないことになり，今，今後履修をどうするか決めなくてはならなくなりました。

　私は教員になる気持ちは，今のところないと思います。免許だけ取る，ということは実際どうでしょうか？大変ですか？意味がないですか？

（出所：detail.chiebukuro.yahoo.co.jp，2016年10月15日閲覧，下線は引用者。）

（2）教員養成の二大原則

　この引用の中の下線部分の意味に注目してみようと思います。最初は下線部①です。この部分については，まず教員養成制度に関する一定の理解が必要です。この相談者（大学生）は，教育学部に所属しないで教職課程を履修しているということですが，これは「開放制」という日本の教員養成制度によるものです。開放制の教員養成制度とは，簡単に言えば，教育学部など保育者・教師を養成することを目的とする学位課程以外でも，所属する学部等の学位課程に加えて教職課程を履修し所定の単位を修得した場合には，教員免許が取得できる制度です。ただし，その場合は，所属する学部等の学位課程が教員免許状の所要資格を授与するに適当と認められる教職課程を有していること，つまり課程認定を受けていることが条件です。この開放制の教員養成制度は，戦後開始されますが，その目的とするところは，大学における教員養成を原則とするとともに，その養成が豊かで高度な教養に根ざして行われることでした。したがって，大学における教員養成カリキュラムは，一つは広くて豊かな教養の修得をめざす教養科目，2つ目に当該学問領域の教育内容および方法の客観性・的確性を支える教科専門科目，そして3つ目に教育という営みの自立性・専門性を考え，教育の対象である子どもに関する専門的理解をめざす教職専門科目，これらによって構成されることになりました。戦前の小学校教師の養成は主と

して師範学校で行われていましたが，ときに上記の一つ目や3つ目のカリキュラムが軽視される養成教育となり，教育の自立を失っていった（ときの政治や社会の流れに引きずられた）り，ときには教育が率先して特定の思想や主義を教化あるいは喧伝したりした経緯があります。戦後はこの反省に立って，教職の質の向上と教育の自立を標榜して，「大学における教員養成」と「開放制による教員養成」という2つを原則とする養成がはじまったのです。

ところが，引用文の中の同じく下線部①に表現されているように，「教員になるつもりがない」学生が教職課程を履修する事態が少なくありません。この事態は，下線部②のように大学が内規などで「免許取得要件」や「教育実習参加要件」などハードルを設けて対応しようとしても，その要件がどの程度実効性をもつかはなかなか難しいところです。下線部③に表明されている思いは，進学する大学を選択するときに，一般に受験生本人ならびに保護者が抱くものであり，大学側もハードルをあまり高くできない事情もあります。

（3）職業威信と教職

さらに引用文でもう一つこだわっておきたい部分があります。それは，下線部③の「いざとなれば教員になることもできる」というくだりです。この言説における「教員」とはどのような位置づけでしょうか？ ひとことで言えば，保育者・教師という職業の威信（権威）が高くないということです。

かつて「でもしか先生」という言説がありました。この言説は，教職を軽んじる態度を表現した言葉として流布しました。一つは，教職にありながら授業等校務を蔑ろにして教員組合の活動を優先させるような教師に向けられた「デモしか先生」という意味もあったということですが，もう一つには，戦後から高度経済成長期（1950年代後半〜1970年代）にかけて教師不足に対応して教師の採用枠が増大した時期に，「教師にでもなるか」「教師にしかなれない」というような教職に就くことへの消極さや不誠実さに向けられた表現としても知られています。ちなみに，『大辞泉』には，接頭語の「でもしか」の字義解説があり，「……にでもなろうか」「……にしかなれない」の意からほかになるもの

がないので，やむをえずそれになっているという意を表す，と記されています。また，『新和英大辞典』では，「でもしか」は by default が充てられ，「でもしか先生」には a teacher by default という英訳が記されています。

　ここで，職業威信ということについて少しふれておきましょう。職業威信に関する調査は一般に SSM 調査（The national survey of Social Stratification and social Mobility）が知られていて，1955年から一定の周期で実施されているものです。SSM 調査によって当該の職業の社会的地位の高さが職業威信スコアという数値で示されますが，これが職業威信の基本的データとしてよく使用されます。調査（1995）によれば，大学教授・裁判官などの職業威信スコアが87.3であるのに対して，小学校教師のそれは62.9，幼稚園教師・保育士（当時は保母）は50.5というものでした。2010年の調査結果まで踏まえた太郎丸博の指摘によれば，小学校教師の職業威信スコアがだんだんと下がっているということです（太郎丸，2014）。職業に貴賎の別はないのは当然ですが，各職業に就くための経路（受教育年数や資格要件など）や収入などにより，職業威信は左右されることになります。

（4）プライバタイゼーション
　職業威信という鍵概念とともに，プライバタイゼーション（privatization）という概念も近年における教職へのまなざしを考える重要な視点を提供してくれます。プライバタイゼーションとは，個人が社会の公的領域よりも自身の私的領域（私事）に強い価値を置くという価値意識の傾向を指しています。この意識傾向が醸成されたのは，高度経済成長期以降各個人が自らの生活を豊かにする欲求を満たす中で，地域社会や帰属集団などとの結びつきや帰属意識から離れ，個人や家族といったプライベートな部分に関心を強めていったというように説明することができるでしょう。ここではプライバタイゼーションを「私事化」と訳しておきましょう。さて，その私事化は保育者・教師および教職の威信（権威）と次のように関連するものと考えます。

　保育者・教師と保護者はともに，子どもの教育を受ける権利を保障する協働

者であり，保育者・教師はその専門性ゆえに保護者の委託をうけて，教育を受ける権利保障の具体的内容・方法を熟知し教育活動を行います。このような協働および委託の関係は，義務教育における義務の共同化・社会化というものであり，さきの佐藤（佐藤・秋田ほか，2016）の「保護者や市民との責任の共有にもとづく信頼と連帯」とほぼ同じ意味内容ととらえることが可能です。しかし，私事化は，学習者および保護者をそのような公的領域から離し，私的領域へ価値の重点を移すものです。子どもが学校で学んだ成果は，進学や就職，あるいは社会的地位や賃金など個人の目標達成につながり，たしかにこの意味では私事的な成果と言えますが，一方で，子どもが学んだ成果は社会的労働へと還元されるものであり，この意味では公共的な成果です。学校における教育や学びは，この2つの要素を併せ持っています。ところが，こんにちの状況は教育にことさら個人の目標達成が求められ，私事的な要求が公共性を無視してあたかも個人の「権利」として主張されます。換言すれば，学習による達成が進学や就職という個人の成果に収斂され，社会や集団における文化や価値の共有や"つなぎ"という意味が希薄になっていきます。したがって，学校および教師の教育活動は，学習者が支払う対価に応じて文化や価値を提供（サービス）する存在となります。もしそうであれば，教師と学習者は必然的に対等な関係に近づいていきます。そこには，教師の権威というものが認められにくい状況が生まれます。このことは，学校に対する理不尽な要求や苦情などとなって示される場合もあります。

4　教師を取り巻く環境の変化

　これまでweb上の「相談」を事例として，受験生および社会のまなざしについて述べてきました。そのまなざしは，これまでの歴史的経緯の中で醸成されてきたものですが，それらに加えて近年，教師および教職を取り巻く環境が大きく変わろうとしています。その変化として重大な事象の一つは，少子化によって学校の再編（学校の統廃合や学校規模の縮小など）を余儀なくされている

第1章 教職へのまなざし

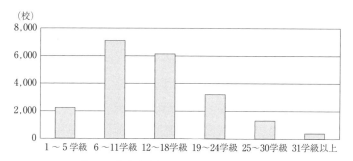

図1.1 公立小学校の学校規模（2013年度）
（出所）文部科学省（2013）により作成

ことです。すでに2000年代前半から10年ほどで3,000校を超える学校が統合されるいっぽうで，図1.1に明らかなように，小学校では半数近くが標準学級数（12～18学級）を下回るという統計数値が公表されています。このような状況のもとで文部科学省は少子社会における学校の適正規模化と適正配置について検討を行い，2015年に「公立小学校・中学校の適正規模・適正配置等に関する手引き（通知）」を公表しました。それによれば，各自治体はそれぞれの地域の実情に応じて，①統廃合により学校再編を断行するか，②小規模校として残し特色ある学校づくりを実施するか，③児童福祉施設などと併せた複合施設として一体化するか，主体的な判断をすることとなっています。手引きではさらに，各自治体が採用する適正規模・適正配置の方向に応じて考慮すべき教育活動のポイントを示しています。たとえば，それは少人数教育活動の工夫や個別指導等による学習の定着，あるいは地域の自然・文化・産業資源等を生かした特別なカリキュラムの編成などの教育内容・方法に関すること，また小中一貫教育や他校との合同授業およびネットワーク構築などの体制改革に関することなどです。

　もう一つ軽視できない変化を挙げれば，教師の採用数（図1.2）の変化と教師の年齢構成の不均衡（図1.3）です。1990年代半ばから21世紀初頭にかけては教師の採用数の抑制が続き，その後大量退職期に入って新規採用数は増加に転じましたが（文部科学省「公立学校教員採用選考試験の実施状況」），これが教

第1章　教職へのまなざし

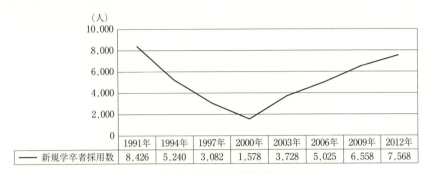

図1.2　新規学卒者採用数
（出所）　文部科学省「学校教員統計調査」の各年度確定値により作成

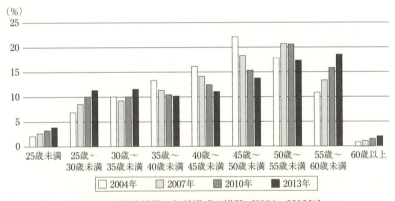

図1.3　小学校教師の年齢構成の推移（2004〜2013年）
（出所）　文部科学省「平成25年度学校教員統計調査」により作成

員組織の年齢構成の偏りを招来し，教師文化の共有と継承の活力を弱体化させるなど専門性の維持・発展に負の影響を与えています。教師集団の今日的状況については，第6章であらためて述べますが，とりわけ年齢構成の不均衡は，具体的には豊かな経験をもつ中堅層の教師，いわば教師文化をつなぐチェーンの歯車の役割を担う層が少ないということであり，その状況下で若年の教師が多く採用される事態を迎えているということです。この点については，中央教育審議会が答申（「これからの学校教育を担う教員の資質能力の向上について」）の中で，次のような状況を報告しています（2015年12月）。

平成25年度の学校教員統計調査によると，中学校において，他の経験年数を有する教員に比べ，<u>経験年数5年未満である教員の割合が最も高く（約20％）</u>，経験年数が11年〜15年であるいわゆるミドルリーダークラスの教員の割合（約8％）のおよそ2.5倍となっている。義務教育段階の教員に関して，このように，経験年数5年未満の教員の割合がその他の経験年数を有する教員の割合に比べて最も高い状況になったのは，少なくとも現行の初任者研修制度が導入された平成元年以降の経緯を見ても近年まで例がない。（下線部は引用者）

　ここに2つの変化を挙げましたが，さきの職業威信やプライバタイゼーション（私事化）を含め，これらの変化は保育者・教師にとって大きな課題を投げかけています。

5　法制度のまなざし

（1）**教育公務員**とは

　公立学校（幼稚園を含む）の保育者・教師は「教育公務員」に属しますが，この教育公務員について理解しておきましょう。教育公務員特例法という法律（以下，「特例法」と略称）がありますが，この法律の規定に沿って説明をします。

　まず，教育公務員とはだれを指すのでしょうか。特例法には次のように定めています。

　「教育公務員とは，地方公務員のうち，<u>学校教育法第一条に定める学校</u>①であって同法第二条に定める公立学校の学長，校長（園長を含む），<u>教師</u>②及び<u>部局長</u>③並びに教育委員会の教育長及び<u>専門的教育職員</u>④をいう。」（教育公務員特例法第2条）

　この規定を理解するためには，下線部分の①〜④について説明をしておいたほうがいいでしょう。下線部分①は，幼稚園，小学校，中学校，義務教育学校，高等学校，中等教育学校，特別支援学校，大学，高等専門学校の9つ（「一条

校」と総称されています。）を指します。②は、教授、准教授、助教、副校長（副園長を含む）、教頭、主幹教諭、指導教諭、教諭、助教諭、養護教諭、養護助教諭、栄養教諭、講師を指します。また③は大学の副学長や学部長などを、④は指導主事と社会教育主事をそれぞれ指します。

地方公務員としての身分を有する教育公務員は、日本国憲法や地方公務員法において次のように規定されています。

「すべて公務員は、全体の奉仕者であって、一部の奉仕者ではない。」（日本国憲法第15条）

「すべて職員は、全体の奉仕者として公共の利益のために勤務し、且つ、職務の遂行に当たっては、全力を挙げてこれに専念しなければならない。」（地方公務員法第30条）

これらの規定にある「全体の奉仕者」は、国民全体に奉仕する者という意味であり、その服務は地方公務員法で定められています。それを列挙すれば、職務上の服務事項として「服務の宣誓」（第31条）、「法令等及び上司の職務上の命令に従う義務」（第32条）、「職務に専念する義務」（第35条）、また身分上の服務事項としては「信用失墜行為の禁止」（第33条）、「秘密を守る義務」（第34条）、「政治的行為の制限」（第36条）、「争議行為等の禁止」（第37条）、「営利企業等の従事制限」（第38条）です。そして、これらの義務（服務）に違反した場合には、懲戒処分（戒告、減給、停職または免職）の対象になります。各服務事項の詳細についてはここでは踏み込みませんが、国民全体に奉仕する責任がこのような服務事項として定められていることを確認しておきましょう。

（2）教師の職務の特質

次に、教師の職務の特質について考えてみます。さきに掲げた特例法第2条において、教育公務員は「地方公務員のうち、……」と定められていることに着目しましょう。教育公務員は公務員という括りには違いないのですが、ほかでもなく教育に携わる公務員であり、公務員の「特例」として位置づけられているということです。つまり、教育に携わる公務員がなぜ「特例」なのかを理

解してほしいということです。この点について，まず特例法の「趣旨」を見てみましょう。

　「この法律は，<u>教育を通じて国民全体に奉仕する教育公務員の職務とその責任の特殊性</u>に基づき，教育公務員の任免，給与，分限，懲戒，服務及び研修等について規定する。」（第1条，下線は引用者）

　小学校教師について言えば，その職務は，大きく分けて3つあると思います。一つはもちろん教科指導です。2つ目は，生徒指導です。そして3つ目は，学校の運営や経営にかかわる仕事です。少し細かな話をすれば，教科指導には教材研究や授業方法の工夫など授業づくりに関する仕事のほか，授業を省察し評価する仕事もあります。また生徒指導には，普段から子どもたちの成長発達の状況を把握し記録し理解する仕事のほか，子どもたちの様子について家庭との連絡・連携をする仕事もあります。さらに，学校の運営や経営にかかわる仕事は，学校行事の実施のほか，多様な事務処理なども含まれます。

　以上の3つ，すなわち教科指導，生徒指導および学校運営・経営に通底する日本の教師の職務の特質とは何でしょうか。第一に，職務の無限定性（油布，2009，p. 51）を挙げることができるでしょう。日本の小学校教師は，少なくとも教師採用選考では基本的に全教科の指導力量が要求されます。また生徒指導においても，校内だけではなく校外および家庭の生活全般に及んで，空間的にも時間的にも広い範囲で教師の指導責任が問われます。さらに学校運営・経営でも，学校行事等々において地域社会や保護者など多くの人びとへの対応と関連する事務処理が求められます。職務の特質の2つ目は，評価の猶予性，長期性，あるいは多様性です。教師が行う教育の成果は，ときには即効性のものもあるでしょうが，良否の判断には時間が必要なことは理解できるでしょう。また成果の良否は，子ども一人ひとりによって違います。そして特質の3つ目は，職務の非対価性（苅谷・金子，2010，pp. 188-189）です。教師はたしかに一定の賃金をもらっていますが，教育の成果ごとに，あるいはまた仕事の質量ごとに対価を得ているわけではありません。むしろ，子どもが理解するまで話したり待ってみたり，あるいはまた感情移入したりすることに職務の価値を見出す

のです。

　さきにプライバタイゼーション（私事化）という概念にふれました。その意味は，個人が公的領域よりも自身の私的領域（私事）に強い価値を置くという価値意識の傾向ということでした。さきの言及では，学習者および保護者の意識傾向として扱いましたが，この意識傾向は教師にも見られることがすでに指摘されています（諏訪，2004）。教師の私事化傾向を考えたとき，上で述べた教師の職務の特質は変容する可能性があります。否，すでに変容は生じていると言えます。

　「サラリーマン教師」という語があります。この言説は，「教師聖職論」で言われる教師像に対置されて表現される言葉という定義も成り立つでしょうか。ここで「教師聖職論」を詳細に説明するのは避けますが，簡単に言いますと，教育に崇高な使命感を持ち薄給に甘んじても献身的態度で奉仕的実践（滅私奉公）に邁進する，このような教師を理想とする教師論です。教師も労働の対価として給与をもらっているのでサラリーマンには違いないのですが，"サラリーマン教師"という言説は，教師としての働き方の熱心さ，子どもとの関係の濃密さなどに関連して，「聖職論」で言う職務の無限定性や非対価性の"モラル"に反して，教師労働の時間と空間を限定したり対価性を優先させたりする教師を，批判的に表現する言葉です。近年では，「教師のサラリーマン化」といった言葉も使用されています。

6　教員養成の新たな動き──背景にあるまなざし

　既述のように，日本の教員養成は大学における養成と開放制による養成という2つの原則のもとに，教育職員免許法（以下，「教免法」と略称，1949年）の公布とともに始まりこんにちまできました。その教員養成に近年改革が進められてきています。すでに2008年には，「教職実践演習」の導入，教職大学院の開設が行われ，また2009年からは教員免許更新講習が開始されました。「教職実践演習」は，教免法施行規則の改正により「教職に関する科目」として付加

表1.1 保育者・教師の学歴構成（2004〜2013年） (%)

学校種	区分	大学院	大学	短期大学	その他
幼稚園	2004年度	0.8	16.2	80.1	2.7
	2007年度	0.8	19.0	77.5	2.7
	2010年度	1.2	22.7	74.2	2.0
	2013年度	1.0	22.5	71.8	1.8
小学校	2004年度	2.6	83.1	13.7	0.5
	2007年度	3.0	84.1	12.5	0.4
	2010年度	3.3	85.1	10.9	0.7
	2013年度	4.2	86.2	9.2	0.4
中学校	2004年度	4.5	88.8	6.4	0.3
	2007年度	5.8	88.0	6.0	0.3
	2010年度	6.9	87.4	5.4	0.3
	2013年度	8.2	86.5	5.0	0.3
高等学校	2004年度	11.1	86.7	1.5	0.8
	2007年度	12.3	85.5	1.5	0.7
	2010年度	14.0	84.1	1.3	0.5
	2013年度	14.7	83.5	1.1	0.7

（出所）文部科学省「平成25年度学校教員統計調査」

された科目で，「教員として必要な知識技能を修得したことを確認するもの」（教免法施行規則第6条1項）と位置づけられています。また教職大学院には，養成課程において更なる実践力を身に付けた保育者・教師を育てるとともに，現職保育者・教師を対象に専門性の更なる向上を保障し指導的役割を担う保育者・教師を養成するというねらいがあります。さらに教員免許更新講習は，保育者・教師に求められる資質・能力が時代とともに変化することに対応して，教職の使命や責任などの基本的事項や新たに必要とされる事項について確認・修得する機会を保障しようとするねらいがあります。

　以上のような改革の背景には，保育者・教師の資質・能力の向上に対する強い要請があることは言うまでもないことですが，もう少し具体的に言うならば，一つは日本における保育者・教師の学歴が諸外国に比して低いことへの対応が迫られているということです。日本の保育者・教師の学歴構成については表1.1に示していますが，小学校教員に占める大学院修了者（修士号取得者）の割合は2013年の段階では4.2％に過ぎないのです。

もう一つは，指導力不足教員，あるいは「残念な教員」（林，2015）などと指摘される一部の保育者・教師の資質・能力改善と彼らの存在がもたらす教職への不信の払拭が急務となっていることが挙げられます。ところで，"指導力不足教員"という言葉は，いつごろから一般に言及されるようになったのでしょうか。また，指導力の"不足"を評定する確かな基準はどこにあるのでしょうか。

　まず前者の問いからです。高度経済成長期の終焉を迎えるころ，それはおよそ1970年代後半からですが，子どもの暴力やいじめ，あるいは登校拒否（不登校）や学級崩壊，さらには学力低下など，いわゆる子ども問題が教育病理としてマスメディアを中心にたびたび言及されるようになりました。これに対応するかのように教育行政等の教育界では，その解決の主要な方策として「教師の資質向上」が議論されるようになります。1980年代半ばの臨時教育審議会では，教師の資質向上に向けて，初任者研修制度の創設，現職研修の体系化，適格性を欠く教師の排除などが答申され（第2次答申），それが特例法の改正を促し，こんにちある「初任者研修」（第23条），「十年経験者研修」（第24条），「指導改善研修」（第25条）などの研修の強化の規定となって表現されています。

　教師の資質については，教員養成や教師の採用など，いわゆる教師教育（教師の養成─採用─研修の連携およびその一連の過程を通じた成長発達を考える視点）の課題であることは間違いありません。しかし，臨時教育審議会など1980年代からこんにちまでの「教師の資質向上」に向けた議論には少なくとも2つの疑問があります。その一つは，子ども問題や教育病理が生起する原因が多様で重層的であるにもかかわらず，またその原因群に対して教師および教職ができることとできないことを明確にしないまま，問題解決の策を「教師の資質向上」に収斂させていいのかということです。もう一つは，資質が疑われる一部の教師を特定して資質改善をするために，すべてに網をかけるような方策が適切なのかということです。

7　教育課程における教師の意思

　一つの新聞記事を通して，筆者の教師に対するまなざしを述べておきたいと思います。次に示す記事の概要は，「私の視点」という紙面で述べられている横浜市の中学校副読本に関する内容です。著者の田中政敬の言葉を借りながら示しましょう（「朝日新聞」2016年11月10日）。

　横浜市の中学生向けの副読本には関東大震災での朝鮮人，中国人虐殺をめぐる記述があります。この副読本に対して横浜市議が異議を唱えたことをうけ，教育長が内容の変更を約束し，2013年度版では「虐殺」を「殺害」に変更したり，軍隊や警察の関与を示す記述を削除したりしました。このとき旧版は回収されました。同じようなことは，東京都でも起こっています。高校生向けの副読本の「関東大震災朝鮮人犠牲者追悼碑」に関する記述が，「数多くの朝鮮人が虐殺されたことを悼み」から「碑には，大震災の混乱のなかで，『朝鮮人が尊い生命を奪われました。』と記されている」と，教育委員会によって変更されました。

　田中はこれに続いて，次のように主張しています。

　……資料の発掘や聞き取りなど研究の積み重ねで，民衆や軍隊などによる朝鮮人虐殺の実態や背景が，具体的に明らかになってきている。虐殺の事実を書かないのは，歴史研究の成果を否定し，事実を隠蔽（いんぺい）するものだ。

　震災時の朝鮮人や中国人の虐殺は，今日的な問題でもある。当時の横浜や東京に日本人，朝鮮人や中国人がいたように，現在も日本は多民族社会として構成され，その子孫らが地域の学校で学んでいる。教師はそうした地域のあり方を前提として，民族差別，偏見を克服し人権を尊重し合う教育を根付かせることに腐心している。

　いま日本ではヘイトスピーチが繰り返され，災害時にはデマも流されている。排外意識は現在も引き継がれている。負の歴史を繰り返さないため

には事実を学ぶしかない。

「子どもに何を教えるか」という問いは，換言すれば，教育課程に教師がどのように関与するかという問いと密接に関連するものだと思います。ここで取り上げた田中の「視点」は，教育課程において学問の成果（事実）と価値（人権尊重）をどのように位置づけ次世代につなぐかという意思が，まさに専門家としての教師の自律性であり専門性の表明であることを強く思い起こさせるものです。

のちに述べることになる近年の新しい教員評価制度では，教員評価の目的をたんに業績評価による人事管理に求めることなく，人材開発ならびに資質の向上に資すること，そのことによって教師の自律性・専門性を高めることなどがめざされているようです。もしそうであるならば，教員評価の観点として，上述の「視点」に見るような教育課程編成や教材作成等における教師の関与（自律性・専門性）の項が含まれて然るべきでしょう。

8 「教員評価」というまなざし

（1）近年の教員評価の動き

日本では，21世紀に入って新しい教員評価制度が導入されることになりました。具体的には，「今後の教員免許制度の在り方について」（中央教育審議会答申，2002年）で教員評価システムの導入が提案されたことをうけて，2006年に文部科学省の要求および指導のもとで，各都道府県教育委員会において検討ならびに導入が開始されました。文部科学省が67都道府県・政令指定都市において実施状況を調査していますが，2015年7月現在，すべての自治体で実施（愛媛県の試行実施を含む）されていることが報告されています（文部科学省「公立学校教職員の人事行政状況調査——教職員評価システムの取組み状況」2015年）。

以上のような新しい教員評価が導入されるに至った背景には，学校や教師に対する近年の厳しいまなざしがあります。子どもの学力向上に向けた，あるいはまたいじめ・不登校等の課題解決に向けた不安や期待などです。これらのま

第1章　教職へのまなざし

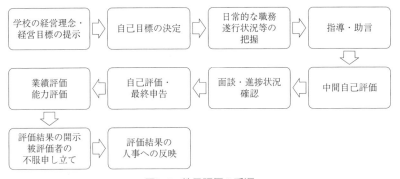

図1.4　教員評価の手順
出所：高妻（2016, pp. 101-102），苅谷・金子（2010, pp. 18-19）などにより作成

なざしに応えるべく，信頼される学校づくりとそのための教師の力量向上が新しい教員評価の主たる目的となったのです。実施方法等詳細については，各都道府県市で異なる点がありますが，おおむね次のような共通点が見出せます。第一に，各教師による目標設定と自己評価および自己申告を行うなど被評価者の主体性を重視していること，第二に，業績評価とともに能力の開発・育成がめざされていること，そして第三に，評価結果を処遇（昇任，昇給・降給，配置転換，研修など）に反映させる，つまり人事考課として活用すること，です。さきの文部科学省の「取組み状況調査」（2015）の結果を見ると，67都道府県・指定都市のほとんどで能力評価と業績評価の両方を実施していることが確認できます。評価者は第一次評価と第二次評価を含め校長および副校長・教頭がほとんどですが，中には教育長（東京都，京都市）や教育委員会の担当課長（大分県）が行うというところもあります。評価に当たって，「標準職務遂行能力」を定めてそれを基準に評価を実施している県市はすでに24，今後定める予定は13，検討中は30と報告されています。評価の方法（手順）については，既述のように自己評価および自己申告を採用しており，それを尊重するという原則のもとにおおむね図1.4に示すような流れで実施されています。

第1章　教職へのまなざし

（2）新しい教員評価への懸念

　このようにすでに全国の県市で実施されている教員評価は，従来の勤務評定が管理職（校長）による一方向的な評価であったのに対して，自己評価・自己申告を尊重するとともに，面談，指導・援助を活用して被評価者にフィードバックする双方向的とも言える評価であること，また，評価結果に対して被評価者が開示請求することが認められ不服申し立ても可能であることなど，教員評価制度の新し・さ・が示されています。この新しさは，「『査定や査察の道具としての評価』から『成長や改善のための評価』へと力点が移行している」とも言えるでしょう（苅谷・金子，2010，p. 156）。

　しかし，この新しい教員評価には2つの懸念があります。一つは，この教員評価が教師の協働性や同僚性に及ぼす負の影響です。既述のように，こんにち教員にもプライバタイゼーション（私事化）の傾向があることが指摘されていますが，教員評価がもっぱら教師個々人の能力評価や業績評価のみに視点がおかれ，評価結果が個々人の人事考課のみに反映されるようであれば，教師のプライバタイゼーションに拍車がかかるのではないでしょうか。教師は，それぞれの学習指導および生徒指導の力量を独力で向上させるだけでなく，教師間で相互に交流しお互いを成熟させていきます。これを協働性，同僚性と呼ぶことにしましょう。この協働性，同僚性の展開が学校組織としての総合力となり，豊かで特色のある教育活動を創造する可能性につながるのではないかと考えます。否，これまでの日本の教師集団は，自主的・主体的に授業研究を重ね力量を高め合ってきた実績がすでにあります。こうした協働性や同僚性は日本の教職の文化とも言えます。しかし，教員評価がその協働性や同僚性そのものを，そしてそれらから生まれる教師個々および教員組織全体の成長を評価の埒外に置くことになれば，さきのプライバタイゼーションという懸念は的外れの指摘ではないと思います。

　もう一つの懸念は，教師の仕事の特質と評価との関係から生じることです。教師の教えるという行為がどのような成果となって子どもにつながるか，これを評価することを考えてみてください。子ども個々の状況によって，教える行

為（内容や方法）も，その成果も多様です。しかも，成果は短期的に見えるものもあれば長期的スパンでようやく見えてくるものもあります。このように考えると，少なくとも教員評価が一律な評価基準で短期的な視野で行われることに対しては自制的でなければなりません。

以上の2つの懸念は，教師の協働性・同僚性およびそれによって創造される力量を金科玉条の文化としてそれに固執し，一方で教員評価による改革そのものを不条理な圧力として拒否しようとすることではけっしてありません。金子真理子が述べているように，「『教師が教職経験の中で積み上げてきた経験知』と『変容しつつある社会的要請』との間の綱引きをどのように認識するか」（苅谷・金子，2010），この問いに私たちはしっかりと向き合わなければならないと思います。それは，評価する方も，教師もです。

9　子どもへの責任と社会的要請の理解

未知のものを知ろうとし，既知のものに疑問を投げかけ，自ら変わろうとしている子どもたちに，私たち保育者・教師は向き合い，その子どもたちの姿勢が少しも間違っていないと伝え，どうしたら知ることができるか，疑問が解決するか，どうしたら変われるかについて，自身の獲得した文化や価値をつねに検証しつつ子どもたちにつないでいく。本章で繰り返し述べてきたことですが，専門家として子どもに責任を果たす保育者・教師の志業は，まさにここにあります。保育者・教師はこれまでもそうしてきたように，今後もこの志業の経験知を同僚とともに積み上げていくべきだと考えます。そしてその一方で，保育者・教師および教職に注がれる多様で厳しいまなざしの背後にある「変容しつつある社会的要請」を，理解しようとすることを怠ってはならないと考えます。社会的要請の理解によって，その要請に対して行政が対応すべきこと，保育者・教師が実践の場で責任を負うこと，あるいは家庭や地域社会とともに考えることなどが，少しでも明らかになるでしょう。

第1章 教職へのまなざし

 〈もっと詳しく知りたい人のための文献紹介〉

苅谷剛彦・金子真理子『教員評価の社会学』岩波書店，2010年。
　⇨本書は，新しい教員評価制度の導入の背景や実施動向，また評価実施による影響などについて，主として実証的研究方法（インタビュー調査と質問紙調査）によって，実施する側の意図や教師の受け止め方との関係を丁寧に分析しています。教師の仕事の特質や教師の成長の意味などをあらためて問い直しながら，新しい教員評価制度の意義と課題を示しています。

佐藤学・秋田喜代美ほか（編）『学びの専門家としての教師』（《岩波講座》教育変革への展望4）岩波書店，2016年。
　⇨本書は，第Ⅰ部「教師像の再検討」と第Ⅱ部「教師をとりまく問題群」の二部構成になっています。第Ⅰ部では，教育改革の中で翻弄される教師の姿を描きつつ，その中で学び続ける教師および教師集団の逞しさと確固とした権威を示しています。第Ⅱ部では，教師の多忙化等の日常や，教職大学院等の教職の高度化・専門職化に向けた教師政策，さらに教職の公共性と専門性との両立，これらを教師の「問題群」としてとらえ，それに対して学びの専門家としての教師がどのように向き合うかを考える指針を示してくれています。

〈文　献〉

秋元康（作）網中いづる（絵）『ぞうのせなか』講談社，2007年。
林純次『残念な教員——学校教育の失敗学』光文社新書，2015年。
苅谷剛彦・金子真理子『教員評価の社会学』岩波書店，2010年。
文部科学省「平成25年度学校基本調査」2013年。
文部科学省「学校教員統計調査」（平成25年度ほか各年度）
文部科学省「公立小学校・中学校の適正規模・適正配置等に関する手引——少子化に対応した活力ある学校づくりに向けて」2015年1月27日。
文部科学省「平成25年度公立学校教職員の人事行政状況調査」http://www.mext.go.jp/a_menu/shotou/jinji/1365310.htm（2016年11月17日閲覧）
佐藤学・秋田喜代美ほか（編）『学びの専門家としての教師』岩波書店，2016年。
諏訪英広「中学校教師社会におけるプライバタイゼーションに関する一考察——職務意識及び職務活動との関連性」『山陽学園短期大学紀要』第35巻，2004年。
髙妻紳二郎（編著）『新・教育制度論——教育制度を考える15の論点』ミネルヴァ書房，2016年。

田中正敬「(私の視点) 朝鮮人虐殺の記述削除——負の歴史, 隠蔽せず学べ」(「朝日新聞」(東京本社) 朝刊2016年11月10日)
太郎丸博「『先生』の職業威信」『日本労働研究雑誌』第645号, 2014年。
バーレイ, S. (作・絵) 小川仁央 (訳)『わすれられないおくりもの』評論社, 1986年。
油布佐和子 (編著)『教師という仕事』日本図書センター, 2009年。

第2章
保育者・教師の仕事──一日の保育・教育活動を描く

　第2章では，保育者や教師をめざすみなさんが「先生の仕事」を理解できるように，保育者や教師の一日の保育・教育活動の具体相を描きます。それは，保育実践・授業実践だけでなく，園務・校務分掌，園・学校行事における職務内容，地域社会や家庭との連携などの日常の仕事です。そこには先生の仕事の多様で，多忙な状況が示されるでしょう。また，保育者間および教師間の協働など，今後の仕事のあり方を考える視座も読み取ることができるでしょう。

【キーワード】

子どもの生活　幼稚園教諭の職務内容　園務分掌　保育者の多忙化　職場の人間関係　学級経営　校務分掌　生徒指導　学校行事　クラブ活動　教師の多忙化　チームとしての学校

2-1
保育者の仕事

　本節では，保育者の仕事について取り上げます。ここでは「保育者」について，幼稚園で働く「幼稚園教諭」の具体的な仕事を中心に学びます（以下では，幼稚園教諭に限定する場合「幼稚園教諭」としますが，それ以外は全て「保育者」を使用します）。

　はじめに幼稚園での子どもの生活と学びをどのようにとらえるかについて概観します。それらを踏まえて，毎日の子どもの活動に応じた保育者の具体的な仕事と主な留意点について解説します。さらに，毎日の保育を支え，より充実したものにするために行われる保育者の職務内容について考え，保育者の全体的な職務について具体的なイメージがもてるように理解を深めたいと思います。

1　幼稚園での子どもの生活

　幼稚園での子どもの生活は，「生活」と「遊び」と「仕事」に大きく分けることができます。このように言うと幼稚園ではどこで「教育」をするのか，と疑問に思う人もいるかもしれません。幼稚園ではこれら3つの活動を通して「教育」を行います。

　とくに，幼児期の子どもの「学習」として重視されているのが「遊び」です。「遊び」は，「自発的な活動」であり，「心身の発達の基礎を培う重要な学習である」ため，「遊びを通しての指導を中心として」幼稚園教育を行うこととされています（幼稚園教育要領）。したがって，保育者はこれらの活動を通して子どもの教育を行う役割を担っているといえます。

（1）生 活

「生活」は，衣食や健康・安全にかかわる内容です。基本的には，「自分のことが自分でできる」，たとえば，道具の使い方やトイレで用を足すこと，汗をかいたらどうするかといったこと，また，挨拶や手洗い，片付けなど身につけてほしい基本的生活習慣など，つまり生活が自立できる方向に教育を行います。

さらに，食事場面では準備から片付けまでの行動様式や，会話を楽しみながら同時に人の邪魔にならないように食事するルールなど，生活を通して文化や行動様式などを身につけていきます。

（2）遊 び

次に「遊び」についてです。

本来，遊びは次のような特徴を兼ね備えています。

①自由であること（子ども自身の意思で選ばれる，誰からも強制されることがない）

②自己目的的であること（遊ぶこと自体が楽しく，目的である。何かができるようになるために遊ぶのではない）

しかし，幼稚園における「遊び」は，表2.1.1に示したように，「子どもが自由に選択して行う遊び」（一般に「自由遊び」と呼ばれる）と保育者が意図を持って行う「保育内容としての遊び」（一般に「設定保育」「中心となる活動」などと呼ばれる）を分けて考えておく必要があります。ただし，厳密に言えば，「自由遊び」も保育者の意図を反映した園やその周辺の環境の中で遊んでいるわけですから保育者の意図と無関係ではありません。

多くの幼稚園では，「自由遊び」とともに，保育者が明確な意図（ねらい）を持った活動が行われています。「設定保育」という呼び方は，保育者の意図が前面に出ているため，誤解すると子どもやクラスの状態や意思をあまり考えずに保育者が子どもにさせたいことを無理に押しつけてしまうことにつながりかねません。たとえば，行事などで子どもの取り組みのプロセスを大切にしない成果や出来映えだけを重視するような保育です。冒頭で記したように，幼児

期の教育は，遊びが本来持っている自由や楽しさといった子どもの必要感に動機づけられた自発的な活動としての「遊び」を通して行うものです。したがって，いわゆる「設定保育」が意味するものは「保育内容としての遊び」ととらえておくことが重要です。つまり，保育者がねらいを持っているとしても，子どもにとっては，自由であり，「してみたい」という自発性，主体性に支えられ，「することが楽しい」という自己目的的な活動（すなわち，遊び）と受けとめられるような活動として展開することが重要です。いわば教育方法として「遊び」を活用するということです。

　また，「自由な遊び」と「保育内容としての遊び」を，相補的な関係としてとらえておくことも大切です。自由に遊ぶ子どもの姿から，保育者は子どもの成長や課題を見つけ出したり，一部の子どもの経験を「保育内容としての遊び」としてクラス全員の活動に結びつけたりします。その一方で，クラス全員で共有した経験は自由な遊びとして，それぞれの子どもにとっての真の遊びとして定着していきます。

（3）仕　事

　子どもたちは仕事が大好きです。保育者がテーブルを拭いていると「お手伝いしたい」という子がどのクラスにもいるものです。子どもにとって仕事は，最初は遊び感覚で始まりますが，それぞれの年齢にふさわしい意識的で責任をともなう活動へと高まっていきます。仕事は，ある集団にとっての「有用さ」を生み出す活動であり，「確実さ」が求められる「人のために役に立つ活動」です。「したいときだけする」というわけにはいきません。そのため，子どもにとって身近で，継続できる魅力的な仕事に参加できるようにしていきたいものです。

　幼稚園では，先生を手伝ってものを運ぶ，伝言や手紙を届ける，出欠を調べて報告する，動植物の世話をするなどがあります。こうした仕事を単純に当番活動として行うのではなく，子どもの関心の度合いや遂行能力を確かめ，仕事に対する意欲を引き起こしながら，取り組むことが大切です。こうした「有用

表2.1.1 幼稚園での子どもの生活

生活	基本的な生活や習慣にかかわること ・挨拶，持ち物の始末や管理，着脱衣，食事，手洗い・うがい，用便や汗の処理など健康や安全など ・道具の使い方や行動様式を含む	
遊び	自由に選択して行う遊び（「自由遊び」）	子どもが自分の意思で自由に選択して行う遊び
	保育内容としての遊び（「設定保育」など）	保育者が意図（ねらい）を持って行う「遊び」 ・遊び環境の構成，再構成 ・保育者の提示や提案による遊び
仕事	目的を持って他者のために行う活動 ・当番活動（出席連絡，植物や飼育物の世話，昼食準備の手伝い）など	

さ」と「確実さ」を要求される仕事を通して，自分たちの生活をつくり，運営する見通しや技能を身につけていきます。注意力や粘り強さ，小さな課題の克服，目標に応じた見通し，方法や手段の工夫，仲間との意思疎通や協力，結果の評価，意識的に仕事に集中することなどの能力が要求されます。

　幼児期の仕事の計画や過程の管理はあくまでも保育者の役割なので，それぞれの時期や子どもにふさわしい仕事や取り組みを，保育者との共同活動として取り組んでいくことが必要です。

2　保育者の一日

　幼稚園での子どもの生活は，小学校以上の学校に共通する時間割のように時間で活動が区切られていません。幼稚園では活動の内容や子どもの状態に応じて時間や内容を柔軟に運用します。そのため一日の生活は連続して展開することになります。また，幼児が安全に過ごせるようにつねに見守る必要があるため，保育者は切れ目なく子どもとともに一日を過ごすのが，他の学校種とは異なる大きな特徴です。

　幼稚園での子どもの生活と保育者の生活はおおむね表2.1.2のように進みます。保育者の一日の仕事は，園の特徴や保育形態，保育時間などによって異なります。たとえば，通園バスを使っているかどうか，通園バスの台数やコース，

第2章 保育者・教師の仕事

表2.1.2　子どもの生活の流れと幼稚園教諭の職務内容

時刻	子どもの生活の流れ	幼稚園教諭の職務内容
8：00		出勤 ・保育室内外の安全点検，遊びや活動の環境整備 ・職員朝会
9：00	子ども登園	・保護者からの子どもの受け入れ，連絡事項の確認 ・幼児の心身の様子の把握
	持ち物の片付け	・持ち物の片付け，着替え等の援助 ・連絡帳など提出物の確認
(随時)	自由遊び 当番活動	・遊び環境づくりと遊びの援助 ・子ども同士の関係の調整，仲立ち ・子どもの健康状態の把握と援助 ・当番活動の援助 ・栽培，飼育物等の世話
10：00	片付け	・片付けの援助 ・手洗いやうがい，トイレの援助
10：30	朝の会	・挨拶，歌，体操などの指導 ・出席確認と健康状態の把握 ・今日の予定などの確認 ・朝の当番活動の援助
10：45	中心となる活動	・中心となる活動の指導，援助
11：45	昼食（給食・弁当）	・手洗いの確認と当番の仕事（テーブルを拭くなど）の指導 ・食べ方やマナー，箸などの使い方，偏食，片付け，食後の歯磨きなどの指導，援助
12：30	自由遊び	（午前と同じ）
13：30	絵本・紙芝居	・絵本や紙芝居等を読み聞かせる
	帰りの会	・一日の振り返りと明日の活動についての確認 ・身なり，持ち物，家庭への配付物の確認
14：00	降園	・保護者への引き渡し，子どもの様子についての伝達 ・保護者からの相談への対応
	（預かり保育）	（子ども降園後） ・保育室の清掃，環境整備，再構成 ・提出された書類等の処理 ・一日の子どもの様子や保育の振り返り ・保育記録 ・教材研究，翌日の保育準備，行事の準備，計画の立案 ・家庭への連絡，連絡帳の整理，手紙の作成 ・園務分掌にかかわる仕事の処理 ・職員会議，学年打ち合わせなどへの参加 ・職員終礼
17：00 18：00	 （預かり保育・降園）	退勤

自由保育やモンテッソーリ教育などの保育形態，保育時間の設定や預かり保育の有無などによっても異なります。

ここでは，保護者が直接送り迎えをする徒歩通園の園を例にみてみましょう。具体的な子どもの生活の流れと職務内容を時系列でまとめたのが，表2.1.2です。

以下では，表2.1.2を踏まえて，幼稚園の学級担任の仕事の具体的な内容や配慮のポイントについて，子どもの生活の流れに沿ってみてみましょう。

（1）登園前

登園前には，子どもを受け入れる準備として，保育室の換気，遊具の点検や園庭の清掃，子どもに渡す手紙などの準備を行います。また，教職員で朝の打ち合わせ（「朝会」「朝礼」など呼称は園により異なる）を行い，子どもや保護者に関する情報の共有，保育中の役割分担や使用する施設や場所の確認や調整を行います。

幼稚園では，保育時間中は基本的に子どもから離れられないため，必要以上に保育中に職員室にものを取りに行ったり，相談に行ったりすることがないようにできるだけ周到に準備をしておきます。また，帰りに持たせるものなど，忘れ物がないように，持ち帰るものや連絡事項は紙に書いて確認できるようにするなどしておきます。

（2）登園〜自由遊び

徒歩通園の子どもは親子で登園してきます。また，通園バスなどを使っている場合は，バス停まで保護者が送ってきます。バスに添乗した保育者が子どもをあずかり，登園することになります。

登園時に保育者は，子どもの心身の状況を把握する「視診」を行います。顔色や表情，挨拶などのやりとりから把握します。必要に応じて，スキンシップによって熱がないかを確かめたりすることもあります。必要があれば体温を計測します。幼児の場合，睡眠不足，発熱，バス酔いなど，健康状態についての

確認も大切ですが,「朝,家を出るときお母さんに叱られた」とか「バス停で友だちとけんかした」といった理由で気持ちが不安定になっていることもあります。朝の受け入れではこうした対応を含め,気持ちよく一日のスタートが切れるように温かく迎え入れることを心がけます。

また,出席ノートにシールを貼る,提出物を出す,ぼうしやかばん,持ち物の片付け,遊びのための着替えなど,一連の活動において,一人ひとりの子どもに必要な援助を行います。

(3) 自由遊び～片付け

着替えなどを済ませた子どもたちは,さっそく好きな遊びに取りかかります。これを多くの場合「自由遊び」と呼んでいます。それぞれの子どもが自分の好きな遊びを十分に行うことは,その後のクラスでの活動などでの子どもの集中力に結びつきます。同時に,好きな遊びを好きな場所で行っている子どもたちの安全管理,水分補給や汗の処理など健康管理に気を配るとともに,どんな遊びをしているかを掌握しておかなければなりません。

前節でみたように幼稚園では,遊びを通して教育を行うわけですから,自由遊びの環境を整えるのは保育者の大切な役割の一つです。どのような環境や遊具,道具などを準備するのか,どのような遊びを経験させたいのかについて,保育者の願いと子どもたちの発達の状況や遊びの姿を考えあわせて適切な環境を子どもといっしょにつくり,変容させていくことが求められます。

また,遊びの中ではコミュニケーション力の未熟さを補ったり,子ども同士のトラブルに対応したりすることも少なくありません。こうしたことを通して子どものさまざまな能力を育てていくのが保育の特徴です。

さらに遊びの最後には「片付け」を行います。「遊んだ子どもが自分で片付ける」ことを強制したり,促すだけでなく,片付ける場所をわかりやすく示すなど片付けやすい環境をつくると同時に,おもちゃを集めてくるように声をかけたり,保育者がいっしょに片付けてモデルを示すなどのかかわりが必要です。

したがって,子どもと一緒に遊んだり活動したりする中でかかわりを深め,

子ども理解に努め，その場で判断し，必要な援助や支援を行うことが大切です。未熟な面が少なくない子どもたちに対するきめ細かい配慮や援助と，遊びや生活が一体的に展開する中で行われる幼児期の教育においては，保育者はその生活と遊びをともにする中でさまざまな役割を担うことが求められているのです。

（4）当番活動

　自由遊びの時間に，当番の子どもによって行われる「仕事」もあります。多くの場合，園で飼っている生き物や植物の世話などです。こうした活動のようすを見守り，ときにはいっしょに取り組んだり，必要な援助をしながら，子どもにとって楽しく，充実感が味わえるよう配慮します。

　当番活動は，自由遊びの時間だけでなく，一日を通して行われることが多くあります。具体的には，「出席状況を職員室に報告する」，「朝の集まりで挨拶をする」，「食事の際のテーブルを拭く，配膳をする」，「配布物を配る」などです。

　当番活動は形骸化してしまうことも少なくないため，子どもたちが自分たちの生活をつくっていくという観点から援助や支援をすることが求められます。

（5）朝の会～中心となる活動（設定保育）

　片付けが終わると，子どもたちは保育室に戻り，順にトイレを済ませ，手洗い，うがいをして「朝の会」を行います。

　朝の会では，挨拶や歌のほか，出欠の確認，今日の活動についての確認などが行われます。こうした毎日決まったかたちや順序で行われる朝の会は，子どもの生活の流れの理解と安心につながっています。とくに入園して間もない子どもや変化に対応するのが苦手な子どもにとっては安心の拠りどころになっています。その意味で毎日のルーチンは見通しを持つためのものであると同時に生活の節目になっていると考えられます。一日の生活の流れを理解して，見通しと期待を持って過ごせるようにわかりやすく伝えることが大切です。

　朝の会が終わると引き続き，その日の「中心となる活動」（保育内容として

の遊び）です。前項で説明したとおり，「保育内容としての遊び」は保育者がねらいを持って行う活動ですが，子どもにとっては「遊び」として受け止められるように，自由で，自ら「したい」という必要感をもって主体的に取り組める内容や方法を工夫することが大切です。経験する内容は，子どもが自分でしようとする気持ちを尊重し，必要に応じて援助しながら，子どもが達成感を持ってできるように計画，実践することが求められます。詳細は，第4章4-1でも述べますが，このように「中心となる活動」を構想できる保育者こそ，子どもの気持ちがわかる，そして幼児教育における遊びの意義を理解している保育者といえ，その計画と実践が保育者としての腕の見せどころと言えます。

（6）昼食（お弁当，給食）

　昼食では，最初は食べることに重点が置かれますが，テーブル拭き，手洗いやうがい，消毒などの衛生面も含め，その準備から片付けまでの一連の活動としてとらえ，行動できるように援助していくことが求められます。その中で，マナーや箸などの使い方，片付けや食後の歯磨きなどを指導します。

　また，食事を楽しみにしている子どもは多くいますが，偏食がある子や食べることが苦手な子もいます。嫌いなものを少しでも食べてみる，量を減らしてみるなどの配慮とともに，食事とともに会話を楽しむといった食事の社会的側面も大切にしたかかわりや雰囲気づくりを心がけたいものです。こうした経験を通して，食事をするときの一連の流れは文化様式の獲得につながり，食のあり方や機能を伝えていくことになります。

（7）帰りの会

　一日の園生活の締めくくりとして，「帰りの会」を行います。帰りの会では，身なり，持ち物，家庭への配付物の確認などを行います。また，帰りの会ではとくに，一日を振り返ることが大切です。子どもは幼稚園で楽しく充実した一日を過ごしていますが，あまり意識的にそれを覚えているわけではありません。保育者の役割として大切なことは，その刹那的な子どもの経験や感情をもう一

度振り返り，意味づけし，明日からの生活へとつないでいくことです。

遊びや活動で印象に残ったことや共有しておきたいことなどを振り返り，充実感をもって一日の園生活を終えられるようにすることが大切です。そうすることによって子ども一人ひとりの経験が皆で共有され，子どもの考える力，続く活動や経験について考える際の土台ができると考えられます。その意味で帰りの会は大切で，保育者の役割は非常に大きいと言えます。

帰りの会の最後には，翌日の活動に期待を持って降園できるように心がけます。

（8）降　園

降園時には，徒歩通園の子どもは，保護者に直接引き渡し，その日の子どもの様子について伝えます。バス通園の子どものようすについては直接伝えることができないため，連絡帳で，また必要に応じて電話で連絡するなどします。

園での子どもの様子を具体的に伝え，変わったことや子どものようすで気になることがあった際には，とくにていねいに伝えることが必要です。

幼稚園の特徴として，小学校のように子どもを通して先生の言葉や連絡事項を伝えることが難しいため，保護者との直接のやりとりが多いことが挙げられます。そのため，直接の対話のほか，電話や手紙，連絡帳などによるやりとりもていねいに行います。

また，降園時に保護者からの相談がある場合もあります。時間をとって，降園後に相談に応じることも大切な役割です。

（9）降園後

保育が終了して子どもたちは降園しますが，そのまま「預かり保育」に入る子どもたちもいます。「預かり保育」は「教育課程に係る教育時間の終了後に行う教育活動」（幼稚園教育要領）と位置づけられ，多くの場合は専任の担当者が担当します。

降園後のクラス担任の仕事としては，保育室等の清掃，環境整備，保育環境

の再構成, 家庭への連絡などが行われます。

　その後, 毎日の仕事として, 保育記録や書類整理, 保育準備や教材研究, 指導計画の立案などが行われます。また, 日によっては手紙や連絡帳などの作成, 長期的な計画や行事の準備, 会議や打ち合わせなどが行われます。

　一日の終わりには, 職員での最後の打ち合わせ (「終礼」などと言われる場合が多い) が行われ, 情報共有や簡単な打ち合わせが行われます。

　子どもの一日の生活の流れに沿って, 学級担任の具体的な仕事と配慮のポイントについて説明してきましたが, 保育者の具体的なイメージが描けたでしょうか。それでは, 次に, こうした日々の保育を支えるために学級担任が行っている職務内容についてみてみましょう。

3　保育者の基本業務

　前項でみてきた日々の保育を支えるために学級担任が行う仕事は, 学級経営と総称することができます。幼稚園における学級経営は, 前項でみてきた保育環境の整備, 保育中の子どもやクラスの指導のほかに, 日々の保育実践を支える計画や記録, 保護者や地域との連携, 園のさまざまな仕事を分担して行う「園務分掌」などがあります。園務分掌には, 園行事の計画や準備, 地域の機関との連絡連携, 健康診断や避難訓練, バス通園の運行管理, 施設設備の管理, 予算や人事, 研修, 会議の運営など, さまざまな仕事があります。さらに近年では, 園務分掌の一つとして幼稚園でも地域の保護者の子育てに関する相談に応じるなどの子育て支援などの役割も担うようになっています。

　ここでは, 日々の保育時間外に担任が行う学級経営にかかわる内容について, (1) 計画の立案と改善, (2) 保護者との連絡, (3) 行事, (4) 地域の子育て支援, (5) 研修についてみてみましょう。

（1）保育を支える計画の立案と改善

　幼稚園での保育は「遊びを通して行われる」というと，日々の保育を「ただ遊んでいるだけ」と誤解する人がいます。しかし，保育は，遊びを教育の方法として活用しながら周到な計画のもとで行われています。

　保育を支える計画には，入園から幼稚園修了までの全体的な計画である「教育課程」と，それを各学年や時期に応じて具体化した「指導計画」があります。「指導計画」はさらに学年や月ごとの計画である「長期の指導計画」と一週間，一日単位の「短期の指導計画」に分けられます。そして，これらの計画は，幼稚園教育要領に示されるねらいや内容を踏まえ，子どもの姿にもとづいて立案されます。小学校以上では学習指導要領によって学年ごとに学習内容が細かく決められているのに対して，幼稚園教育要領ではその具体的な内容は保育者が計画することになっています。

　教育課程は，幼稚園修了に向けた教育目標にもとづいて，入園から幼稚園修了までの園生活の特徴とそれぞれの時期の子どものようすを踏まえて，どの時期にどのような内容を経験するかを系統立てて整理したものです。

　この教育課程にもとづいて，指導計画を作成し，より具体的な活動内容や環境構成，配慮等を計画します。指導計画は，保育をより充実したものにするための計画案です。同時に，保育終了後にはこれをもとに子どもの姿や保育を振り返り，その記録と評価は続く保育の計画の改善に役立てる資料となります。したがって日々の保育における記録は，計画立案の土台となるものであるため，記録の方法や内容も大切です。

（2）保護者との連絡

　幼稚園の特徴として，保護者とのかかわりの緊密さを挙げることができます。保育者をめざす動機として「子どもが好きだから」という理由で志望する学生が多いですが，保護者とのかかわりも保育を進める上では重要です。保護者とのかかわりというと，「モンスター・ペアレンツ」などのネガティブなイメージを抱きやすいのですが，実際の保育の現場では協力的な保護者がほとんどで

す。新任保育者の不安として,「保護者とのかかわり」を挙げる保育者は少なくありませんが,しばらくすると多くの場合,その不安は低減します(加藤・安藤,2013)。幼児期の子どもの保育においては,生活全般を視野に入れ,子どもの姿を共有しながらかかわることがとくに大切で,保護者との連携は大切にしたいものです。

　そのような保護者との直接の連絡は,送迎時の対話のほか,連絡帳や電話,定期的に行われる個別面談などで行われます。また,保育参観,行事などで,保護者が保育や子どもの様子を直接見たりしたときに行われることもあります。保護者に園や保育者の考えなどを理解してもらうためには,園から発信する手紙や通信などによる情報も大切で,子どもの姿を具体的に伝え,保育方針や内容との関係性が伝わるようにする工夫が必要です。

(3) 行　事

　行事には,①成長の節目に行う入園式や卒園式,誕生会などの儀式的行事,②保育の節目に行う発表会,観劇などの文化的行事,③運動会などの体育的行事,④遠足や園外保育などの園外活動,⑤健康診断や避難訓練などの保健・安全活動,私立幼稚園では⑥クリスマスや花祭りなどの宗教的行事も行われます。

　1948年の保育要領では「幼児の情操を養い,保育に変化と潤いを与え,郷土的な気分を作ってやる上から,年中行事はできるだけ保育に取り入れることが必要である」と積極的に行事を取り入れるものとされていましたが,幼稚園では行事が多くなり,子どもの生活や活動の負担が大きくなっている現状を踏まえ,2008年告示の幼稚園教育要領では「幼稚園生活の自然な流れの中で生活や変化に潤いを与え,幼児が主体的に楽しく活動できるようにすること。なお,それぞれの行事についてはその教育的価値を十分検討し,適切なものを精選し,幼児の負担にならないようにすること」とされ,そのあり方に工夫が求められるようになっています。

　実際に,幼稚園では子どもの指導においても,園務分掌においても行事の準備に費やされる時間や負担は大きなウェイトを占めています。幼児が主体的に

かかわる行事のあり方を検討し，実践することはもちろんですが，行事によっては地域の関係機関等と連絡を取ったり，遠足などでは下見をした上で計画を立てるなど計画的な事前準備が必要です。また，行事に向けた制作物の準備や当日の役割分担や打ち合わせも必要になります。

（4）地域の子育て支援

近年，幼稚園や保育者などに対して在園児の保護者と地域の子育て中の保護者などを支援する役割が求められるようになっています。幼稚園では「預かり保育」がその代表といえます。預かり保育は，毎日の保育終了後に行われると同時に，夏休みなどの長期の休業期間にも行われるようになっています。

ほかにも子育てについての相談，遊びや交流の場の提供，子どもや子育てに関する情報や学習機会の提供などを行う園も増えてきています。幼稚園などが持っている教育や子育てに関するノウハウを社会資源として地域に還元することが求められています。

（5）研　修

幼稚園を含む学校の教師は，適宜研修を受け，その資質向上に努めることが求められています。[1]一般に，幼稚園の研修は，都道府県教育委員会（政令都市，中核市）が担うことが多く，公立幼稚園は，法定研修として初任者研修，10年経験者研修が行われています。私立幼稚園では，幼稚園関係団体が初任者研修を行っています。こうした法定研修以外に，任意に参加できるさまざまな研修があります。具体的には，近年の保育課題といえる保護者支援，特別支援，アレルギーに関する研修のほか，記録の取り方，カウンセリング，体操やダンス，

（1）教育基本法（教員）
　　第9条　法律に定める学校の教員は，自己の崇高な使命を深く自覚し，絶えず研究と修養に励み，その職責の遂行に努めなければならない。
　　2　前項の教員についてはその使命と職責の重要性にかんがみ，その身分は尊重され，待遇の適正が期せられるとともに，養成と研修の充実が図られなければならない。

絵画の指導に関するものなどさまざまな研修があります。

　外部で行われる研修ももちろん大切ですが，保育の質を向上させるためには保育者自身が必要な情報を集めたり，自分の保育を振り返ることができる園内研修などの日常的な取り組みを併せて行うことが求められます。

4　保育者が抱える課題とその対応

(1) 保育者の多忙化

　特別な配慮を必要とする子どもの保育，地域を含む子育ての支援，共働き家庭の増加などによる保育の長時間化など，幼稚園や保育所に求められる保育や子育てをめぐる課題も増え，保育者には新たな役割が期待されるようになっています。そのため，総じて園全体の仕事量が増え，保育者はますます多忙になっています。

　忙しくなることで時間に余裕がなくなるため，勤務時間の慢性的な長時間化や，会議や研修の時間や機会が十分にとれないことなどが生じ，そのため保育者の保育についての共通理解や協働，保育改善の新たな取り組みなどが難しくなっていること，若い保育者を育てるゆとりの喪失などから，従来からの保育機能である子どもの育ちを保障する保育実践やその基盤となる保育経営，学級経営が困難になってきています。(太田・渡邉，2015)。

　また，こうした多忙化は，保育者の喪失感やバーンアウト（燃え尽き症候群）につながることも指摘されています。労働時間，給与，組織，スタッフとの人間関係等がバーンアウトの要因であるという指摘もあります（Townly, Thornburg & Crompton, 1991）。保育者が抱く多忙感は，労働時間や役割，給与などの労働条件とも関係しています。保育者のバーンアウトには保育業務の役割の曖昧さや葛藤が関係しており，保育において自主性を発揮することができることや，よりよい組織的関係を持つことが大切であるという指摘もあります（Manlove, 1993）。

　また，多忙さからくる時間的制約や精神的余裕の欠如は，保育者のやりがい

や保育者効力感につながる「自主性の発揮」や「職場の人間関係」とも無関係ではないと考えられます。とくに，対応を迫られている特別な支援を要する子どもの保育などは，これまでの保育の方法では対処しきれない難しさを抱えるため，教材研究や研修，打ち合わせの時間などが必要ですが，その余裕がないことが保育者の喪失感，不全感に結びついていることもあります。特別支援に限らず，保育者同士が保育観を共有することは非常に大切で，そうした環境をつくる工夫が必要になってきています。

（2）保育における仕事の見直し

多忙化の対処として考えられるのは，第一に仕事内容を見直すことです。

幼稚園で，保育者が時間を要する仕事の代表的なものは，①保育の準備，教材研究，②書き物，③行事の準備などです。

①の保育の準備，教材研究は，保育を行う上で欠かすことはできないため，一定の時間を確保することが必要です。こうした教材研究については，個人に任されることが多く，保育雑誌やインターネットで調べて考えることも多いのですが，園での活動の記録を蓄積しておくといった工夫をして，子どもに適した遊びや活動を園の財産として積み上げ，共有していくことが求められます。

また，②「書き物」についてですが，幼稚園では，保育記録，通信，連絡帳，指導計画作成など，書類や手紙などのいわゆる「書き物」が多く，「手書き」を重視する園も少なくありません。これら「書き物」の中には，「記録のための記録」と言われるように，計画や保育改善に活用されない形骸化しているものもあるため，これらの内容を精査し，必要な記録や内容について見直すと仕事量はかなり軽減することができます。

③行事の準備については，保護者の期待に応えようと「保育の成果として盛大に見せたい」という思いを持つことも多く，たとえば，発表会の衣装を保育者がすべて手作りするなど，その準備に保育者も力が入りすぎたり，子どもに無理をさせることも少なくありません。既述の通り，行事を特別なものとして扱うのではなく，日常の保育との関係を大切にし，生活の節目となるようなも

のとしてとらえ，精選し，それぞれの内容を吟味することが大切です。幼稚園では概して行事が多く，中には親が参加するものもあるため，その準備は園務分掌として分担する仕事量にもかかわることから精査することが求められます。

（3）保育者の協働を支える組織的取り組み

　保育の課題として，仕事内容に見合う処遇，時間に見合う仕事量の適切さを見直す必要に迫られています。しかしそれだけでは十分ではありません。さらに保育を改善するためには，よりよい組織的関係のもとで，それぞれの保育者が自主性を発揮して保育することができ，やりがいを感じられることが大切です。保育者を目指す学生や保育者は，「やりがい」のある仕事として保育を学び，実践しているからです。

　やりがいが感じられるよりよい組織的関係のあり方が注目されています。限定的に言えば「職場の人間関係」と言い換えてもよいでしょう。こうした人間関係は，個人の問題と考えてしまうことが多いかもしれません。しかし，個人の課題に帰結させるのでなく，園経営という組織的・総合的課題としてとらえておくことが大切です。なぜなら，教職員の共通理解のもとで保育を協働的に行う基盤となる職員集団の人間関係は，保育経営の具体的な方法や条件等を改善することによって「保育者同士の個人的な人間関係」の問題に帰結しない改善解決の方法があると考えられるからです。たとえば，それぞれの保育者（とくに若手の保育者）がその自律性を発揮して保育を行うためには，保育者同士がどのような保育を目指すのか，そのためにどのような具体的なかかわりや方法を重視するのかといった保育観についての一定の共通理解が必要です。保育においては，場面場面，瞬間瞬間における判断が求められることが多いため，その共通理解を土台にすることによってはじめて主体的な判断にもとづく自律的な保育が可能になり，やりがいのある保育，かけがえのない保育者となることができるからです（太田，2016）。こうした考え方は次節の「同僚性（collegiality）」にもとづく「共存モデル」という協働につながるものです。保育についての理解の共有は個々の保育者の責任で行うのではなく，園の組織的経営と

して保障することが大切で，そのための園長や主任のリーダーシップが求められます。

　また，「チーム学校」という言葉を聞いたことがあるかもしれませんが，幼稚園などでも園の教職員以外の専門職や職員，地域の人々の協働によって教育を進める動きが活発になっています。具体的には，特別な配慮を必要とする子どもについては巡回相談を行う発達の専門家などとの協働，保護者支援の相談に応じる専門家との協働，地域の人々や機関との交流，学校評議員による保育への関与などです。

　またさらにもう一つの視点として，「保育業務の役割の曖昧さ」が，保育のやりがいを阻害しているのではないかという指摘に目を向けておきたいと思います。それぞれの保育者の役割が曖昧で，極端に言えば，5年経験者にも20年経験者にも同じことが要求されているわけです。クラスを持つ保育者に共通に求められることはもちろんありますが，経験に応じて役割を明確にすることがやりがいや働きやすさにつながると考えられます。保育者が抱える課題を，新任者や中堅保育者，主任，園長や所長など，それぞれの経験やキャリア・ステージという観点からとらえ，各ステージごとに求められる具体的な資質・能力を明示することは，それぞれの保育者が自身に求められる役割を自覚し，キャリアアップする目標を明示するとともに，保育者集団における各保育者の役割や期待が共有されるという点でも重要です。

　各キャリア・ステージに求められる能力や役割については，全国保育士会（2010）の取り組みや現在，文部科学省が進めている教師の各キャリア別の「育成指標」等の取り組みがあります。おそらくこのような役割期待が共有されることは，たとえば新任者に対するかかわりの変容をもたらし「職場の人間関係」の改善にも影響すると期待されます。

〈もっと詳しく知りたい人のための文献紹介〉

　倉橋惣三『育ての心（上・下）』フレーベル館，2008年。

第2章 保育者・教師の仕事

⇨倉橋惣三の保育,教職論と言える書。子どもと教育に対する見方,考え方を短文で明快に描き出したエッセイです。保育者必読の書。

大村はま『教えるということ』筑摩書房,2006年。

⇨プロの教師とは何か,教師の役割,教育者の愛情について考えさせられる講演録など。大村は国語教師ですが保育者にもぜひ読んでほしい書です。

〈文　献〉

加藤由美・安藤美華代「新任保育者の抱える困難――語りの質的検討」『兵庫教育大学教育実践学論集』第14号,2013年,pp. 27-38。

Manlove, E. E. Multiple Correlates of Burnout in Child Care Workers. *Early Childhood Research Quarterly*, 8, 1993, pp. 499-518.

文部科学省『幼稚園教育要領』フレーベル館,2008年。

文部省『保育要領』1948年。

太田光洋「保育する人の資質・能力」木山徹哉・太田光洋（編著）『教育原論』ミネルヴァ書房,2016年,pp. 121-122。

太田光洋・渡邉望「保育所管理職にとっての保育経営の課題に関する探索的研究」『保育文化研究』第1号,2015年,pp. 125-140。

Townly, K. F., Thornburg, K. R., & Crompton, D. Burnout in Teachers of Young Children. *Early Education and Development*, 2(3), 1991, pp. 197-204.

全国保育士会「保育士の研修体系――保育士の階層別に求められる専門性」,「保育士のキャリアアップ構想（たたき台）」(厚生労働省第5回保育士養成課程等検討会資料) 2010年。

2－2
小学校教師の仕事

　本節では，小学校教師の仕事について取り上げます。小学校教師，とくに学級担任の仕事は多岐にわたり，児童が登校し下校するまでの間に留まらず，さらにその前後にまで及んでいます。その具体的な内容を時系列でまとめたのが，表2.2.1です。

　以下では，表2.2.1を踏まえて，小学校学級担任の仕事の概要について説明していきます。

1　小学校学級担任の基本業務

（1）学級経営

　表2.2.1で挙げた小学校学級担任が行う多様な仕事は，総称して（広い意味で）学級経営と呼ぶことができます。この学級経営に関する仕事を再度まとめ直してみると，①学級目標の設定，②学級指導計画および教科等の指導計画の立案（主に「放課後」），③教科等の指導（主に「授業時間」；狭い意味では，学級経営に含まれません），④児童生徒の理解と人間関係の改善（生徒指導），⑤学級指導と学級活動の実施（主に「朝の会」「給食時間」「清掃時間」「帰りの会」），⑥教室環境の整備（主に「始業前」「放課後」），⑦校務分掌を含む学級事務の処理（主に「始業前」「放課後」），⑧保護者・PTAとの連絡・協力（主に「放課後」），⑨学級経営の評価，に分類することができます（佐藤，2015，pp. 102-103；伊崎，2011，p. 139）。なお，①は年度当初に設定し，⑨は年度末に行われるため，表2.2.1には反映されていませんが，これらも小学校学級担任にとって重要な仕事の一つです。また，④については，表2.2.1で挙げた特定の

第 2 章　保育者・教師の仕事

表2.2.1　小学校学級担任の一日

活動場面	職務内容
始業前	・教室内外の安全点検・環境整備 ・児童の朝の様子の把握 ・朝の係活動，当番活動の指導 ・連絡帳や宿題など提出物の点検や出席簿などの事務処理 ・職員朝会
朝の会	・出席確認と健康状態の把握 ・運営の仕方，参加態度などの指導 ・今日の予定，くらしのめあてなどの確認 ※気持ちよく一日のスタートが切れるような，また学習に集中できるような雰囲気づくりを心がける。
授業時間	・教科等の指導 ※各児童に活躍の場を与えるとともに，努力を認め，励ますように心がける。
休み時間	・教室内外での過ごし方の指導 ・係活動や当番活動の指導 ・学習の準備や教室移動の世話 ※児童の気分転換や安全管理に気を配る。 ※児童と一緒に遊んだり活動したりする中で，児童とのかかわりを深め，児童理解に努める。 ※トラブルなどがあった場合には，個別に話を聞いたり，解決策をともに考えたりする。
給食時間	・手洗いの確認と当番の仕事（身支度，運搬，配膳など）の指導 ・当番以外の動き（待ち方など）やセルフサービスの仕方の指導 ・給食の食べ方やマナー，偏食，残食，片付け方などの指導 ※適宜グループを変えながら，児童と給食をともにすることで，児童とのかかわりを深め，児童理解に努める。
清掃時間	・合理的な清掃の仕方（正しい掃き方，拭き方など）の指導 ※児童が工夫しながら協力して清掃を行っているかどうかを見守るとともに，掃除の意義などを指導することで，学級や学校に貢献していることが実感できるようにする。
帰りの会	・一日の反省と明日の準備などについての諸連絡 ・宿題や家庭への配付物の確認，下校時の安全指導 ※学習面および生活面でよかった点などを取り上げ，充実感をもって一日の学校生活を終えられるようにする。 ※問題があった場合には，児童が下校する前に解決する。
放課後	・教室の環境整備 ・提出物の処理 ・一日の児童の様子や指導の仕方の振り返り ・教材研究および明日の授業や行事の準備 ・家庭への連絡 ・校務分掌にかかわる仕事の処理 ・職員会議，職員連絡会，学年会などへの参加，打ち合わせ

（出所）　大野（2011）および金山（2014）をもとに作成

時間に当たるというよりも，むしろ学級経営全体を通じて実施されます。

　以下では，その学級経営の中でも「教科等の指導」「生徒指導」「校務分掌」に焦点を当ててみたいと思います。

（2）教科等の指導

　多岐にわたる小学校教師の仕事の中でも中核をなすのが，教科等の指導です。小学校学級担任は，国語科，社会科，算数科，理科，生活科，音楽科，図画工作科，家庭科，体育科，外国語活動，総合的な学習の時間，特別活動，そして特別の教科である道徳科，といったすべての教育活動を担当します。

　『小学校学習指導要領解説　総則編』では，教育課程実施上の配慮事項として12項目が掲げられていますが，その中でもとくに注目すべき項目を2点紹介します。まず留意すべき項目は，「体験的・問題解決的な学習及び自主的，自発的な学習の促進」です。教科等の指導では，基本的な知識・技能の習得に留まらず，それらを活用する思考力・判断力・表現力を養うことも目的とされています。そこで体験的・問題解決的な学習を通じて，思考力などを養うとともに児童の自発的な学習を促すことが有効であるとされています。また，生徒は一人ひとり個性をもち，習熟度や興味関心も多岐にわたるため，「指導方法や指導体制の工夫改善など個に応じた指導の充実」が教科等の指導の際には重要になります。

　こうした配慮事項を踏まえてよりよい授業を行うためにも，日々の教材研究に加えて，学習指導案の作成が必要です。学習指導案とは，図2.2.1からも明らかなように，学習効果の高い授業を展開するための指針を描いた計画書です。その中でも，「単元（題材）について」「指導目標」「指導計画」「本時の学習指導」，という4点について，図2.2.1に即して説明を加えていきます。「単元（題材）について」では，教材観（単元のねらい，前後の単元との関係など），児童観（既習内容の定着状況，事前調査の結果・考察など），指導観（教材観・児童観を踏まえた指導の方針・形態など），という3つの要素について整理します。これを踏まえて，「指導目標」では，その単元への関心・意欲・態度やその単

(学習指導案例)　　　　　第3学年1組　算数科学習指導案

　　　　　　　　　　　　　　　　　　　　平成○○年○○月○○日（○）第○校時
　　　　　　　　　　　　　　　　　　　　指導者（または授業者）○　○　○　○

1　単元（題材）名　　　「ぼうグラフと表」

2　単元（題材）について

　(1)　教材観　　　　→　・本単元の主なねらい
　　　　　　　　　　　　・既習内容（前学年や前単元までの学習）とのかかわり，
　　　　　　　　　　　　　その後の学習内容とのかかわり　など

　(2)　児童観　　　　→　・本単元に関する児童の実態，既習内容の定着状況
　　　　　　　　　　　　・事前調査（レディネステスト等）の結果，考察　など

　(3)　指導観　　　　→　単元のねらいと児童の実態を踏まえ，
　　　　　　　　　　　　・どのように指導していくか（指導の方針，指導形態）
　　　　　　　　　　　　・個に応じた指導，配慮事項，実生活へのつながり　など

3　指導目標
　　資料を分類整理し，表やグラフを用いてわかりやすく表したりよみ取ったりすることができるようにする。
　(1)　目的に応じて観点を決め，資料を分類整理して，進んで表やグラフを用いて表そうとする。　　　　　　　　　　　　　　　　　　　　　【算数への関心・意欲・態度】
　(2)　………　　　　　　　　　　　　　　　　　　　　　　　　【数学的な考え方】
　(3)　………　　　　　　　　　　　　　　　　　　　【数量や図形についての技能】
　(4)　………　　　　　　　　　　　　　　　　　【数量や図形についての知識・理解】

4　指導計画（11時間扱い）
　(1)　せい理の仕方…2時間（本時　1／2）
　(2)　ぼうグラフ…6時間　　　　　　　　　　・4と5を合わせて表で示し，「指
　(3)　………　　　　　　　　　　　　　　　　導と評価の計画」としてもよい。

5　単元の評価規準

6　本時の学習指導
　(1)　本時の目標　日常の事象について，観点を決め，落ちや重なりがないように分類整理
　　　　　　　　　しようとしている。　　　　　　　　　　　　【関心・意欲・態度】
　　　　　　　　　観点を決め，落ちや重なりがないように分類整理することができる。
　　　　　　　　　　　　　　　　　　　　　　　　　　　　　　　　　　　【技術】
　(2)　展開

学　習　活　動	指導上の留意点	評価（支援）等
	「予想される児童の反応」という項目で記載することもある。	

7　備　考　　　　在籍児童数　32名

図2.2.1　学習指導案例

（出所）　埼玉県立総合教育センター（2016）を一部改変

元にかかわる習得すべき知識・技能などの観点から，その目標について具体的に言及します。そしてこの目標をもとに，その「（単元全体の）指導計画」および「本時の学習指導」について記載していきます。とくに，「本時の学習指導」については，具体的な目標や学習活動の展開だけではなく，予想される児童の反応を踏まえて，指導上の留意点や評価の観点（具体的な支援）についても，その展開過程と併せて綿密に構想していきます。

　もちろん，つねに学習指導案どおりに授業が展開できるわけではありません。学習指導案は，授業後の評価と反省を行う材料でもあり，次時以降の学習指導計画や次年度の年間指導計画の作成に役立ちます。

（3）生徒指導

　教科等の指導と並び，小学校教師の重要な仕事の一つとして特筆すべきなのが，生徒指導です。『生徒指導提要』によれば，生徒指導とは，児童一人ひとりの人格を尊重しその個性を伸長するとともに，社会的資質や行動力を高めることを目指した教育活動のことで，学校生活のあらゆる場面や機会にわたる教育活動全体を通じて行われます。つまり，先に取り上げた学級経営全体が生徒指導の基盤になるのです。

　生徒指導を実り豊かなものにするために必要なのは，児童理解および児童との信頼関係の構築です。そのため，表2.2.1にも見られるように，「始業前」や「休み時間」などを通じて児童理解および信頼関係構築に努めることが大切になります。

　それでは，教師はどのようにすれば児童理解，さらにはそれを基調とした生徒指導が可能になるのでしょうか。その方法の一つが，基本的なカウンセリング技法を応用することです。たとえば，児童理解を促進し，児童との信頼関係を構築するためには，視線を合わせ，少し前かがみの姿勢をとるとともに，相づちやうなずき，児童の話を繰り返したり言い換えたりすることで児童に心身を傾けることが考えられます（五十嵐，2015）。このようにして，児童を理解し，児童と信頼関係を構築した上で，今度はその児童が置かれた問題状況に変

化をもたらすことが必要になります。その際、五十嵐（2015）によれば、「……してみたらどうかな」というように、具体的な行動を指示する方法や、「先生も同じような経験があったよ」というように、自己開示を通じて一つのモデルを提示する方法、そして「……という方法もあるよ」というように、児童にとって新しい情報を伝える方法が具体例として挙げられています。

（4）校務分掌

　このように、教科等の指導や生徒指導のような児童と直接かかわる仕事以外にも、表2.2.1にもたびたび見受けられるように、小学校教師もさまざまな事務作業に従事することになります。その一つが校務分掌です。校務分掌とは、学校という組織において教職員が行う業務の分担を意味します。

　その分担すべき具体的な校務としては、①学校教育の運営に関する事項、②教育課程の編成、実施、評価、改善に関する事項、③児童の指導、評価などに関する事項、④児童の進路に関する事項、⑤児童及び教職員の保健安全に関する事項、⑥教職員の人事（任用、異動、服務管理、能力開発など）に関する事項、⑦学校の施設・設備（教材教具などを含む）の利用・管理に関する事項、⑧学校の予算・財務に関する事項、⑨教育委員会や地域住民・保護者などとの連絡調整に関する事項、といった項目が挙げられます（埼玉県立総合教育センター、2016、p. 70；小島、2010、p. 93）。各学校の裁量によって、こうした多様な校務ごとに「部」や「委員会」が学校規模などに応じて組織され、図2.2.2のような組織図としてまとめられるのが通例です。

　ここまで、「教科等の指導」「生徒指導」「校務分掌」を中心に小学校学級担任の学級経営について説明してきました。そしてこの基盤の上に、さらに多様な仕事が展開されていきます。以下では「学校行事」「クラブ活動（部活動）」「地域社会や家庭との連携」に焦点を当て、小学校教師の仕事の多面性について言及していきます。

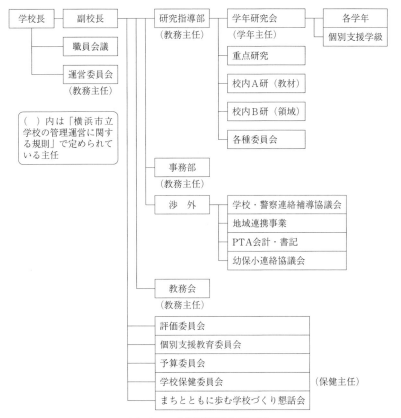

図2.2.2 小学校運営組織図例
(出所) 横浜教育改革会議学校運営部会 (2005) を一部改変

2 小学校教師の仕事の多様性

(1) 学校行事

　特別活動の一環として行われる学校行事は，それを通して「望ましい人間関係を形成し，集団への所属感や連帯感を深め，公共の精神を養い，協力してよりよい学校生活を築こうとする自主的，実践的な態度を育てる」（文部科学省，

2015a, pp. 106-107）ことを目標としています。

　この学校行事では，「全校又は学年を単位として，学校生活に秩序と変化を与え，学校生活の充実と発展に資する体験的な活動」（文部科学省，2015a, p. 107）を行います。その具体的な活動は，儀式的行事，文化的行事，健康安全・体育的行事，遠足・集団宿泊的行事，勤労生産・奉仕的行事，に大別されます。

　また，こうした学校行事を含む特別活動全般の指導計画作成の際には，児童が自主的に活動できるように配慮することや各教科等の指導との関連づけを図ること，そして地域社会や家庭との連携および社会教育施設などの活用について留意すべきであるとされています。以下では，学校行事と総合的な学習の時間（以下，総合学習）との関連づけを例として，この点について具体的に説明していきたいと思います。

　『小学校学習指導要領解説　特別活動編』によれば，この両者はその目標において，ともに自主的・主体的な態度や望ましい人間関係の構築に向けた協同的な態度の育成を目指している点に加え，自然体験や社会体験といった体験活動を積極的に導入することが求められている点で共通しています。そのため，学校行事における児童の自主的な活動への配慮の仕方の一つとして，総合学習で展開される問題解決的な学習や探究活動を導入することが考えられます。その具体例として，遠足・集団宿泊的行事（修学旅行）を取り上げてみると，まず訪問先に関する調べ学習の時間を事前に設け，疑問点や質問事項を整理させた上で，実際に現地に赴き，インタビューなどの活動ができるように，行事計画を立てることが考えられます（長谷川，2015）。また，こうしたインタビューなどの活動を行うためには，訪問先の地域社会および社会教育施設などとの連携が不可欠なので，訪問先の社会教育施設などに協力を事前に要請し，学習活動の内容について打ち合わせを行うことが必要です。

（2）クラブ活動（部活動）

　さらに，クラブ活動も特別活動として位置づけられています。その目標は，

「クラブ活動を通して，望ましい人間関係を形成し，個性の伸長を図り，集団の一員として協力してよりよいクラブづくりに参画しようとする自主的，実践的な態度を育てる」（文部科学省，2015a, p. 106）ことです。

各クラブは，学年や学級の垣根を超えて，基本的には第4学年以上の同好の児童によって構成され，「異年齢集団の交流を深め，共通の興味・関心を追求する活動」（文部科学省，2015a, p. 106）を行います。このクラブ活動での経験は，後に学校行事をはじめとする他の教育活動や中学校での部活動選択，さらには将来の職業選択につながる場合もあるため，クラブ活動の指導の際には，児童が自らの興味・関心に自信を深め，自己を生かす能力を養うことができるように指導することが求められます。

その具体的な活動内容は，「クラブの計画と運営」「クラブを楽しむ活動」「クラブの成果の発表」です。とくにクラブの計画と運営については，教師がすべての計画を立案するのではなく，教師が作成した指導計画のもと児童同士が話し合い，自分たちで具体的な活動計画を立て，役割を分担し，協力してクラブの運営に自発的に当たることができるように配慮する必要があります。また，成果発表の機会としては，運動会や学芸会などの学校行事，あるいは児童会全校集会，日常的な展示など，多様な方法が考えられます。さらに，各クラブは異年齢集団によって構成されることも多いため，その際には異年齢の児童が協力し合って楽しく活動できるように工夫することが肝要です。

なお，中学校および高等学校の現行学習指導要領においてもまた，部活動について言及されています。それによれば，「生徒の自主的，自発的な参加により行われる部活動については，スポーツや文化および科学等に親しませ，学習意欲の向上や責任感，連帯感の涵養等に資するものであり，学校教育の一環として，教育課程との関連が図られるよう留意すること」（文部科学省，2015b, p. 5；文部科学省，2008c, p. 8）が求められています。また，地域や学校の実態に応じて，地域住民の中からスポーツなどの指導者および専門家を招聘することや，体育館や公民館などの社会教育施設，さらには地域のスポーツクラブといった社会教育関係団体などの各種団体と連携することも，学習指導要領におい

て求められています。

　しかし，部活動中の死亡事故や体罰・暴力，さらには部活動指導が教師を多忙化させる一因になるなど，部活動については多くの課題が残されています。そのため現在では，適切な休養日の設定や複数顧問の配置，そして部活動での指導や単独での引率などを行う部活動指導員（仮称）の登用などによって，教師の業務負担を軽減しようとする試みがなされています。

（3）地域社会・家庭との連携

　そして，ここまでたびたび指摘してきたように，現在では学校と地域社会・家庭との連携の重要性がとくに強調されています。

　佐藤（2002）によれば，この「連携」という言葉は，①情報交換・連絡調整，②相互補完，③協働，という3つの機能を指すのですが，これらは発展的関係にあり，①から③へと進むにつれて，学校・地域社会・家庭の連携が緊密になります。こうした連携は，学校にとっては機能不足の補完や業務のスリム化などの意義があり，地域住民や保護者にとってはやりがいの発見や生涯学習・地域社会の活性化などの利点が考えられることから，学校教育や社会教育の多様なアプローチを可能にすると言えます（佐藤，2002）。

　その具体的な連携のあり方としては，先述のように，地域の社会教育施設や人材などを活用することが考えられます。そのためにも，学校の教育方針や特色ある教育活動，児童の状況などについて，地域住民や保護者に説明し，理解や協力を求めることが重要です。また，学校運営などに対する地域住民や保護者の意見を把握し，学校の教育活動に活かすことも連携の仕方の一つとして考えられます。その具体例が，地域住民や保護者が一定の権限と責任を持って学校運営に参画するコミュニティ・スクール（学校運営協議会制度）です。さらに，地域社会や家庭が担うことが望ましい教育内容については，地域社会や家庭で担ってもらえるように働きかけることも大切です。要するに，学校は地域社会や家庭と意思疎通を十分に図ることができるように努めねばなりません。そしてこの両者の円滑な意思疎通を実現するために，現在では両者の橋渡しと

して地域コーディネーターの配置が推進されています。

　ここまで，小学校教師の多岐にわたる仕事について説明してきましたが，その仕事が多岐にわたるがゆえに，現在の教師はいくつかの課題を抱えながら日々の仕事に取り組んでいます。そこで今度は，教師の多忙化の問題を中心に，現在の教師が抱える課題とその解消に向けた取り組みについて検討していきます。

3　教師が抱える課題とその対応

（1）教師の多忙化

　前節まで確認してきたように，小学校教師の仕事は多岐にわたりますが，それは中学校や高等学校でも同様です。そのため，現在では教師の多忙化が深刻となってきました。

　このような現状を踏まえて，2006年度には「教員勤務実態調査」が実施されました。この調査は，1966年度に実施された「教職員の勤務状況調査」以来の大規模調査で，教師の職務内容ごとに労働時間を集計しました。小学校教師の結果を見てみると，長期休業期を除く通常期の勤務日における残業時間は約1.5〜2時間とされ，自宅に持ち帰って仕事をする時間は約30〜50分，また同じく，通常期の休日に出勤して行われる残業の時間は約15〜30分，持ち帰り時間は約1.5〜2.5時間ということが明らかになりました。また，職階によってやや変動がありますが，小学校教諭の平均労働時間（持ち帰りを除く）は10時間超にも達していました。

　その後，2011年度には，2006年度調査に比べて小規模ですが，「教員の勤務負担軽減を図るための教育委員会の取組の成果検証に係る調査研究」にて，再度教師の労働時間について調査が行われました。この2011年度調査と2006年度調査との比較研究によれば，調査の期間・時期が異なるために一般化は難しいという但し書きがありながらも，両調査間において小学校教師の勤務時間は減

少したものの，その反面残業時間が増大し，結果として労働時間全体に大きな変動はないことが確認されています（青木・神林，2013）。

また，2013年には第2回 OECD 国際教員指導環境調査（TALIS）が行われ，日本の（中学校）教師の週平均労働時間は，参加国平均約38時間を大きく越えて，参加国中もっとも多い約54時間に達していることが明らかになりました。

以上のような客観的な労働時間から（日本の）教師の多忙化について言及することもできますが，もう一つの重要な視点は，どのような要因によって教師が多忙と感じるのかということです。一般に，事務作業などの教育活動と直接関係のない仕事によって多忙感が生じると言われていますが，その他にもとくに小学校教師の場合には，学校行事や生徒指導も多忙感を引き起こす仕事の一つであると指摘されています（神林，2015）。

さらに，近年では，2014年に小・中学校教師の71業務の負担感率について調査が行われ，小学校教師が負担に感じる業務として，国や教育委員会からの調査やアンケートへの対応を筆頭に，研修会や教育研究の事前レポートや報告書の作成，地域住民・保護者からの要望・苦情などへの対応といった業務が挙げられています（文部科学省，2015a）。

なお，教師の多忙化を生み出す要因として，教師の経験年数に関する均衡が崩れてきていることも挙げられます。「平成25年度学校教員統計調査」をみると，小学校の教師集団において経験年数5年未満の若手教師が占める割合が約18％であるのに対し，その若手教師の育成を主として担う経験年数10年以上15年未満の中堅教師の割合は約8％となっています（第1章参照）。このように，若手教師よりもその育成にあたる中堅教師が少ないという状況は，少なくとも直近30年間には見られない傾向であると言われており，これまで以上に中堅教師は若手教師の育成に時間を割かねばならず，また若手教師も自ら試行錯誤しなければならない場面が増えていることなどが考えられます。このように，教師同士の連携が難しくなっている現状からも明らかなように，教師は多忙化していることに加えて，孤立しつつあると言えます。

（2）多忙化解消に向けて

　こうした教師の多忙化解消に向けて，「学校現場における業務改善のガイドライン」（文部科学省，2015c）が公表されました。このガイドラインでとくに注目すべきは，教師と他の専門職などとの協働が推奨されていることです。

　その中でもとくに，教師と学校事務職員との協働に重点が置かれています。具体的には，これまで総務・財務事務を担当していた学校事務職員が，新たに学校評価や危機管理，ICT管理，人事管理，組織管理，渉外などの学校運営に係る役割を積極的に担えるように，教師および学校事務職員の職務内容を明確にする取り組みが行われています。その他にも，スクールカウンセラーやスクールソーシャルワーカーなど，学校が抱える多様な課題に対応可能な人材を積極的に活用することも推進されています。また，地域社会・家庭との連携についても引き続き強調されています。

　そして，このガイドラインの立場を踏襲したのが，「チームとしての学校の在り方と今後の改善方策について（答申）」（中央教育審議会，2015b）です。「チームとしての学校」とは，これまで行われてきた教師間の協働に加え，先述の教師と他の専門職との協働をも含めた，多職種による協働を意味します。この多職種による協働を通じて，教師が教科等の指導や生徒指導に専念できる環境を整備し，子どもと向き合う時間とともに研究・研修の機会を確保することが求められています。

　さらに，「学校現場における業務の適正化に向けて」（文部科学省，2016）では，上記内容に加えて，業務改善に実績のある民間企業などのノウハウを積極的に活用することや，教師の事務作業などを補助する「業務アシスタント」（仮称）の配置，そして学校給食費などの学校徴収金会計業務を教師から地方自治体に移管することなどが掲げられています。

　このように，現在では，「チームとしての学校」に向けたさまざまな取り組みがなされていますが，それらは必ずしも順調に浸透しているわけではありません。たとえば，学校事務職員の活用が，教師の事務処理に関する負担軽減のために今後期待されていますが，現状では，小学校教師が負担を感じやすいと

される調査や統計への回答といった業務については、学校事務職員が十分に活用されていない、あるいは活用のために課題があるという指摘もあります（神林・青木，2014）。

また、上述の取り組みのように、事務処理などの軽減だけですべての問題が解決されるわけではありません。先に取り上げた神林（2015）も指摘しているように、一部の教育活動についても教師は多忙感を感じているのです。そこで重要なのは、中央教育審議会（2015b）でも指摘されているように、教育活動の担い手である教師間の協働ということになります。

（3）教師間の協働

そもそも、教師の多忙は教師ストレスの一因であり、この教師ストレスが深刻になると、バーンアウト（燃え尽き症候群）になります。教師間の協働は、こうした教師ストレスへの対応策の一つとしてとらえることができるのです。さらに、その教師ストレスの原因である教師の多忙化を軽減する上でも、教師間の協働は有効であると考えられます。

この教師間の協働を進める上で重要な示唆を与えてくれるのが、「学びの共同体」です。佐藤（2000）によれば、この「学びの共同体」とは、学校を子どもたちだけでなく、教師たち、親や市民、教育行政に携わる人々や多様な専門家が学び合う場にすることを目指しています。とくに教師間の協働との関連で注目すべき点は、この「学びの共同体」確立のためには、「授業の事例研究を基礎として、教師たちが専門家として自律性（autonomy）と見識（wisdom）を形成し合う同僚性（collegiality）を学校内に構築する」（佐藤，2000，p. 382）ことが必要だということです。この同僚性という協働を通じて、教師は専門家として学び合うことが重要になります。また、学校運営の点では、教師個々人の多様な意見を統制し、統一的な意思決定を図ろうとする「合意モデル」や、意見が対立する際に論争によって解決を図ろうとするために、教師間に分裂をもたらしかねない「葛藤モデル」といった従来のモデルに代えて、佐藤は「多様な教育観と多様な教育の様式が、一つの学校の中で尊重され相互に交流され

共存し合う」(佐藤，1996，p. 169)，つまり教師が互いに多様な意見を尊重しつつ協働して合意形成を目指す「共存モデル」を推奨しています。

このように，「同僚性」や「共存モデル」という協働が教師にとって重要なのですが，佐藤（2000）の指摘からも明らかなように，この協働によって，教師の自律性や専門性がもたらされるのです。したがって，多忙化を解消するだけでなく，教師の自律性・専門性を向上させるためにも，教師間の協働を推進することが求められているのです。

4　今後望まれる教師の仕事のあり方

本節では，小学校教師の仕事について取り上げてきました。まずは小学校学級担任の一日の仕事内容（（広い意味での）学級経営）を確認し，その上で「教科等の指導」「生徒指導」「校務分掌」に焦点を当てて，小学校教師の仕事について理解を深めていきました。その後，こうした小学校学級担任が担う基本業務の地盤の上にさらに多様な業務が展開されていることを指摘し，「学校行事」「クラブ活動（部活動）」「地域社会・家庭との連携」に注目して，その職務内容について検討してきました。

このように，小学校教師の仕事内容は多岐にわたるのですが，そのことが一つの要因となって，現在では教師の多忙化という現象が生じていることも確認しました。近年では，学校事務職員を含む他の専門職および地域社会・家庭との連携を通じて多忙化解消を目指す取り組みがなされていますが，それと同時に教師間の協働もまた，多忙化解消のためだけでなく，教師の自律性や専門性を向上させるという観点からも重要な視点になります。このように，「チームとしての学校」とは，教師間の協働をはじめ，教師と他の専門職および地域社会・家庭との協働・連携といった「協働」を軸とし，それを通じて教師が自律性・専門性を向上させることになります。このような「チームとしての学校」こそが，今後望まれる教師の仕事のあり方なのではないでしょうか。

第2章　保育者・教師の仕事

〈もっと詳しく知りたい人のための文献紹介〉

石井勉（編著）『小学校学級担任必携ブック』明治図書出版，2009年。
　　⇨学習指導や生活指導，子どもとのコンタクトのとり方など，多くの実践的なアドバイスが掲載されている小学校学級担任必携の書。
中田正浩（編著）『人間教育を視点にした教職入門』大学教育出版，2014年。
　　⇨小学校教師のみならず，中学校・高等学校の教師の仕事内容，学級経営，生徒指導についても解説がなされている教職論の入門書。
佐藤学『教師花伝書──専門家として成長するために』小学館，2009年。
　　⇨教師が「教える専門家」であると同時に「学びの専門家」として成長するための要点が凝縮された指南書。

〈文　献〉

青木栄一・神林寿幸「2006年度文部科学省『教員勤務実態調査』以後における教員の労働時間の変容」『東北大学大学院教育学研究科研究年報』第62集第1号，2013年，pp. 17-44。
中央教育審議会「これからの学校教育を担う教員の資質能力の向上について──学び合い，高め合う教員育成コミュニティの構築に向けて（答申）」2015年 a。
中央教育審議会「チームとしての学校の在り方と今後の改善方策について（答申）」2015年 b。
長谷川重和「教科指導（総合的な学習の時間を含む）と特別活動」広岡義之（編著）『新しい特別活動──理論と実践』ミネルヴァ書房，2015年，pp. 69-85。
五十嵐哲也「話を聴き，解決法を探る──カウンセリング技法」庄司一子（監修），杉本希映・五十嵐哲也（編著）『事例から学ぶ　児童・生徒への指導と援助』第2版，ナカニシヤ出版，2015年，pp. 103-117。
今津孝次郎「学校の協働文化──日本と欧米の比較」藤田英典・志水宏吉（編）『変動社会のなかの教育・知識・権力──問題としての教育改革・教師・学校文化』新曜社，2000年，pp. 300-321。
伊崎一夫「学級経営」中田正浩（編著）『次世代の教職入門』大学教育出版，2011年，pp. 133-155。
金山憲正「小学校教員の仕事」中田正浩（編著）『人間教育を視点にした教職入門』大学教育出版，2014年，pp. 110-120。
神林寿幸「周辺的職務が公立小・中学校教諭の多忙感・負担感に与える影響──単

位時間あたりの労働負荷に着目して」『日本教育経営学会紀要』第57号，2015年，pp. 79-93。

神林寿幸・青木栄一「学校事務の共同実施導入県における公立小・中学校事務職員の勤務実態調査――三重県調査結果の集計報告」『東北大学大学院教育学研究科研究年報』第63集第1号，2014年，pp. 263-278。

国立教育政策研究所（編）『教員環境の国際比較―― OECD 国際教員指導環境調査（TALIS）2013年調査結果報告書』明石書店，2014年。

文部科学省『小学校学習指導要領解説　総則編』東洋館出版社，2008年 a。

文部科学省『小学校学習指導要領解説　特別活動編』東洋館出版社，2008年 b。

文部科学省『高等学校学習指導要領』東京書籍，2008年 c。

文部科学省『生徒指導提要』教育図書，2010年。

文部科学省『小学校学習指導要領』東京書籍，2015年 a。

文部科学省『中学校学習指導要領』東京書籍，2015年 b。

文部科学省「学校現場における業務改善のためのガイドライン――子供と向き合う時間の確保を目指して」2015年 c。

文部科学省「平成25年度学校教員統計調査」2015年 d。

文部科学省「学校現場における業務の適正化に向けて」2016年。

中澤篤史「部活動の重要課題は何か？」『月刊高校教育』第49巻第10号，2016年，pp. 34-37。

小島弘道「校務分掌」岩内亮一・本吉修二・明石要一（編）『教育学用語辞典』第四版（改訂版），学文社，2010年，p. 93。

大野光二「小学校教員の仕事」中田正浩（編著）『次世代の教職入門』大学教育出版，2011年，pp. 104-111。

埼玉県立総合教育センター（編）「教師となって第一歩」埼玉県教育委員会，2016年。

佐藤晴雄『学校を変える　地域が変わる――相互参画による学校・家庭・地域連携の進め方』教育出版，2002年。

佐藤晴雄『教職概論』第4次改訂版，学陽書房，2015年。

佐藤学「教師の自律的な連帯へ」佐伯胖・藤田英典・佐藤学（編）『シリーズ「学びと文化」6　学び合う共同体』東京大学出版会，1996年，pp. 163-171。

佐藤学「新自由主義のカリキュラム改革を越えて――実践的ディスコースの政治学」藤田英典・志水宏吉（編）『変動社会のなかの教育・知識・権力――問題としての教育改革・教師・学校文化』新曜社，2000年，pp. 373-385。

第2章　保育者・教師の仕事

　　高木亮・北神正行「教師の多忙と多忙感を規定する諸要因の考察Ⅱ──教師の多忙
　　　感としてのストレスの問題を中心に」『岡山大学教育学部研究集録』第135号，
　　　2007年，pp. 137-146。
　　東京大学（編）『平成18年度文部科学省委託調査研究報告書　教員勤務実態調査
　　　（小・中学校）報告書』東京大学，2007年。
　　横浜教育改革会議学校運営部会「校内組織の整備と活性化について──"学校チー
　　　ム力"アップをめざして（第2回報告）」2005年。

第3章

子どもを理解するということ

　保育や教育は，まず子どもを理解することから始まります。子どもを理解することは保育および教育の本質に直結する保育者や教師に課せられた重要な課題です。第3章では，第一に，子どもを理解するためには，子どもについて科学的で，かつ複線的，多角的な学びが必要であることを述べます。第二に，子どもの教室での姿，友達との関係における姿，家庭および親子関係の中での姿など，「生きる」子どもを理解することの大切さを説明します。この点についてはとくに多くの事例を示しながらお話しします。そして第三に，子どもを理解するために子どもをよく見ることの意味について述べます。

【キーワード】
子どもの発見　媒介の論理　学問的子ども理解　子どもの姿　倉橋惣三　大村はま　林竹二　共感　多様な子ども

第3章 子どもを理解するということ

「子どもを理解する」とはどういうことでしょうか。ルソー（Rousseau, J.-J.）がその著書『エミール』で「人は子どもというものを知らない」と指摘して以降，子どもという存在や子ども期のとらえ方が変わり，新しい保育・教育が始まりました。保育・教育が子どもの姿から始まるものであることを考えれば，子どもを理解することは保育・教育の本質に直結する教師に課せられた重要な課題であると言えます。

しかし，今なお，私たちは子どものことを理解していると言えるでしょうか。どうしたら子どもを理解することができるでしょうか。あるいはどのように子どもを理解したらいいのでしょうか。保育者・教師が子どもについて理解できないがゆえに，子どもが苦しむこともあれば，保育者・教師がさまざまな困難を抱えることもあります。

本章では，こうした諸問題とあわせて，子どもを理解するとはどういうことかについて考えてみたいと思います。

1　子ども理解の諸側面

（1）子どもについて学ぶ

子どもを理解することは大変難しいことです。

子どもを理解するためには，たんにイメージや直感で子どもをとらえるのではなく，科学として，あるいは学問として，人間や子どもについて学ぶことが必要です。たとえば，保育・教育の歴史を振り返れば，子どもという存在，子どもという時期はどのようにとらえられ，現在はどう考えられているのかがわかります。子どもが持っている諸能力はどのように発達するのか，発達の道筋や特徴について共通点があることなどを発達科学や心理学から学ぶことができます。あるいは，社会のありようによって子どもの成長発達にどのような影響があるかについて社会学や心理学から知ることもできます。そして，保育や教育の実践からそれぞれの時期の子どもの生活の態様や学習の実態，保育・教育現場の課題などを学ぶことができます。

第3章 子どもを理解するということ

　高島（1971）は「学問するとは媒介の論理について学ぶということである」と述べています。「媒介の論理」とは物事を単線的ではなく，複線的に，一面的ではなく，多面的に処理する論理のことをいいます。子どもについてさまざまな角度から科学的な視点をもって学び，子どもを深く理解しようとすること，そして，それを突き詰める努力をした先に実践（保育・教育）との接点が見えてくるというのです。

　　　学問と実践を結びつけるものは，何よりもまず学問そのものが人間実践だという，人間にとって根源的な事実の中にある。しかしながら，このことから直ちに学問といわゆる実践とを直接に同一視してはならない。学問と実践は峻別されなければならない。…（中略）…もともと一つであるものを分けておいて，しかる後にこれを結びつける努力—これが学問的努力なのである。

（高島，1971，p. 218）

　子どもについて，さまざまな学問分野から，複線的，多角的に学ぶことから，子ども理解は始まります。そしてそれら専門的知識を持つことによって子どもを見る観点を自分の内に持つことができ，実際の子どもの姿からより深く子どもを理解することができ，実践としての保育や教育のあり方をよりよいものにすることができるのではないでしょうか。

（2）子ども理解への科学的アプローチ

　「子ども」というものをどのように理解するかについて，学問として学ぶことは，私たちが共通の子どもについての見方（子ども観）を持つことを意味します。それは同時に教育の土台となるとらえ方ということができます。

　現代の保育・教育はルソーの「子どもの発見」に始まっているといわれています。子どもを大人とは異なる存在ととらえ，それゆえに，ありのままの子どもをよく見ることから始まり，子どもという時代の過ごし方，その教育のあり方などについて考え，工夫され，実践されるようになりました。

　興味深いことに，どの学問も対象をよく見て，知ろうとすることから始まり

ます。そして、もう一つ興味深いのは、学問として子どものことをもっと知ろうとすれば、そこには必ず何らかのかかわりや行為、アクションがともなうということです。言い換えれば、子どもをよく見ているとそこから共通点や規則性、仮説が見つかり、その仮説にしたがって子どもに働きかけてみるわけです。その働きかけは、心理学であれば実験になることもあるし、保育学・教育学であれば保育や授業の実践ということもあります。そして、その働きかけに対する子どもたちの姿から、規則性を見出したり、仮説を検証します。これらは一般化され、一つの理論となります。こうして一般化された知識や理論は、他の子どもたちや場面に応用されていきます。

　保育・教育実践は子どもの姿にもとづく【仮説―実践―検証】というアプローチであり、【仮説―実験―検証】という実験科学におけるアプローチと同じ方法によって行われるのです。そしてまた、保育・教育実践の中での子ども理解は、観察だけではなく何らかの働きかけを通して深められていくということを心に留めておいてください。専門職として子どもを理解するためには、専門的な知識とともに方法についての知識も大切です。

　そしてもう一つ見落としてはならない重要なことがあります。前述したような保育・教育実践から導かれた理論は、他の場面や子どもに応用されますが、化学の実験のように必ずしもいつも同じ結果になるとは限らないということです。これは人間を対象とする学問である社会科学全般に言えることですが、とくに、教育においては気をつけなければならないことです。

　そこで大切になることは、理論にもとづいて実践してみたあとに、もう一度子どもたちをよく見るということです。つまり、教育は子どもを見ることからスタートしますが、その実践の後にもまた子どもをよく見なければなりません。「理屈通りにしたのだからそれでよい」ということにはならないのです。教育という仕事が、畏れを抱きながら、事実に対して謙虚になることを求められるのは、他のさまざまな要因が子どもたちの学びや生活に影響しており、マニュアル化（一般化）できないからです。

（3）保育・教育の土台となる学問的子ども理解

それでは、保育・教育の土台となる歴史学、保育・教育学や心理学、社会学など諸科学が明らかにしてきた子どもとはどのようなものでしょうか。その子ども理解は私たちにどのような保育・教育を求めるのか考えてみましょう。

まず第一に、「子どもには子どもであることが保証されなければならない」ということが挙げられます。子どもという時代を、大人とは異なる価値観でとらえ、いわば「子どもらしく生きる」ことを保証するということです。

大人になるための準備ではなく、幼児や小学生がそれぞれの年齢や発達にふさわしい生活ができるように配慮しなければなりません。先取り保育・教育ではなく、食事や衣服、生活に必要な援助、そして子どもらしく興味を持ったことを十分にできること、実体験や行為を通して学ぶことなどが大切にされなければならないでしょう。

第二に、子どもは自ら環境とかかわり、働きかけて能動的に学ぶ有能な存在であるということです。教えてやらないと何もできないのでなく、自ら学び、獲得する「有能さ」と「潜在的要求」を持っているということです。

保育・教育においては、子どもの主体性を尊重するとともに、子どもたち一人ひとりの潜在的欲求を引き出し、子どもの興味や関心に働きかけられる環境をつくり、「やってみたい」「おもしろそう」といった動機づけと子どもの意欲に支えられて活動や学習が発展するような状況を子どもとともにつくることが求められます。

第三に、子どもを含む人間の発達は連続性があり、それぞれの時期には発達的特徴が認められます。そして発達は直線的に進むのではなく、段階的に進むものと考えられています。そして学習は発達を待つのではなく、むしろ先行して発達を促す活動であるということです。

子どもの発達のそれぞれの段階で見られる特徴は、たとえば反抗期のように保育や教育の困難につながることも少なくありませんが、発達の連続的なプロセスにおいてその時期をとらえ、将来への見通しを持って、現在の状況に対応することが求められます。また、子どもの身体・運動の発達、認知・知的発達、

情緒・社会性の発達，言葉・思考の発達など，発達の諸側面を分析的にとらえ，総合的に配慮した保育計画，学習計画を工夫する必要があります。

　第四に，子どもの成長・発達は，子どもが暮らす社会や文化，集団の影響を受けるということです。教育は，子どもの人格形成とともに，子どもを国や社会の次代の担い手として育てる役割を持っています。保育・教育が人を介して行われるものである限り，文化や社会の影響を受けないということは考えられません。

　たとえば，2011年に起きた東日本大震災で被災した家族の中には，転居や失業，転職などを余儀なくされた家族も少なくありません。こうした大きな出来事によって，子どもたちが受けるさまざまな影響についても配慮が必要です。転校先でいじめに遭う子どもの問題は保育・教育そのものの問題と言えます。

　また，近年では子どもの貧困などによる教育格差や貧困の連鎖，虐待や家庭内暴力も子どもの教育とかかわる大きな問題となっています。

　さまざまな学問的成果をふまえて，以上述べたような子どもについての基礎的な理解がまず求められます。このような学問的な成果による基礎的理解は，幼稚園教育要領や学習指導要領などでも土台となる基本となっています。

　子どもをより深く理解するためには，かかわりながら子どもをよく見ること，基礎的な知識が必要であることはここまで述べてきたとおりです。それでは，保育・教育の実際において，子どもを理解するとはどういうことか考えてみましょう。

2　生きる子どもを理解する

(1) さまざまな子どもの姿をどう見るか

　子どもはその生活場面や対象との関係の中でさまざまな姿を見せます。幼稚園や学校で見せる姿と家庭での姿，友達関係の中で見せる姿もそれぞれ異なります（図3.1）。子どもは成長する過程で，こうした他者や場面，状況に応じてその姿を変容させていきます。しかし，子どもはさまざまな姿を見せますが，どれも同じ一人の子どもです。

第3章　子どもを理解するということ

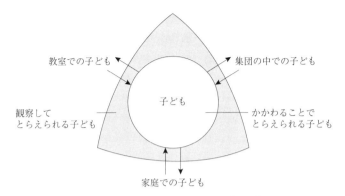

図3.1　場面によって異なる子どもの姿
（注）　教室・集団の中・家庭で子どものみせる姿が異なる

　子どもを理解するには何らかの働きかけによってより深く理解することができることを前に述べました。ただ観察して子どもを理解しようとすれば，図の網掛け部分の外側の子どもしか，わからないことになります。しかし，教室での子ども，友達の中にいる子ども，家庭での子どもなど，さまざまな場面での子どもの姿を保育者や教師が理解しようとすれば，たとえ完全ではなくても，中心の円の部分にあたる一人のありのままの子ども（子どもの本質）に近づけるはずです。
　保育者や教師にこうした子ども理解ができるということは，子どもの側からすればありのままの自分を出すことができることを意味し，どの場面も子どもにとって過ごしやすい環境になると考えられます。それぞれの環境での子ども理解について幼稚園の事例を中心に考えてみましょう。

（2）**教室における子ども理解**
　教室における子ども理解は，幼稚園では保育，学校では授業が中心となります。保育者や教師の子ども理解は，そのまま保育・教育実践に反映します。ここでは，子ども理解をどのように考えるかをいくつかの側面から考えてみたいと思います。

第3章 子どもを理解するということ

子どもの潜在的な要求を読み取る子ども理解

　事例1は，鬼ごっこを楽しみはじめた子どもたちが，自分たちではうまくできずにいることに気がついて，保育者がかかわることで子どもたちが自分たちの遊びとしてできるようになった事例です。

　◆事例1：子どもの潜在的な要求を読み取る子ども理解
　　年中児2月。数人で鬼ごっこをして遊ぶ4歳男児Bと4人の子どもたち。友達と誘い合って鬼ごっこを始めるが，なかなか続かず，鬼ごっこをしているうちに一人ふたりと抜けていき，遊びが自然消滅。
　　その姿を見ていた保育者は，Bら子どもたちに「ケイドロ（警察と泥棒）」を提案。いっしょに友達を誘って10名で遊びを始める。年長がしているのを見ていたため，大体のルールは知っている。ルールを確認し，警察と泥棒のどちらになりたいか希望を聞くと警察が人気で，泥棒はなり手がいない。保育者が泥棒になることを伝え，仲間を募集して5人ずつで遊びをスタート。
　　最初はすぐに捕まって終了。2回目は泥棒グループで作戦会議を提案。泥棒グループは相談し，警察グループには相談する姿を見せ，「警察も作戦立てないの？」と投げかける。何を相談しているかわからないが，なにやら相談する姿が認められる。
　　こうして始まったケイドロを毎朝の自由遊びの中で繰り返す。2週間ほどで保育者がいなくてもできるようになる。保育者もときどき遊びに参加すると作戦が変わったり，人数配分が変わったりして遊びが変化し，盛り上がる。

　こうした姿は保育ではよく見られるものですが，非常に重要なものです。子どもたちの遊びには，その子どもたちが感じている楽しさが含まれています。それは同時に，子どもの中に育ちつつある「何か」を含んでいるから，楽しいのだと考えられます。つまり，鬼ごっこというルールのある集団遊びをしようとする中に育ちの芽があるのです。しかし，子どもたちには，ルールを守りな

第3章　子どもを理解するということ

がら集団で互いにかかわり合い，同時に全体をまとまりのある遊びとして展開する十分な力がまだ育っていないのです。集団遊びの楽しさを感じているが，自分たちだけではできない，ということです。

　ですからそこに保育者の援助が必要になるのです。こうした保育者のかかわりは，子どもの潜在的な要求を引き出すかかわりということができます。そしてこうしたかかわりは，子どもの潜在的な要求，ポテンシャルを見極めた保育者の子ども理解によると考えられます。

　倉橋（2008）の次の文章も同様のことが書かれていると読むことができます。

　　幼児保育の要諦を一語に尽くすものがあれば，それは親切である。親切のないところに，保育の理論も経験も，工夫するも上手もない。その反対に，親切のあるところ，一切の欠陥とまずさとを覆うて余りある真の保育が実現する。親切とは相手に忠な心であり，相手のために己れを傾け注ぐ態度である。相手から求められない前に，その求めるところを見つける目であり，聞きつける耳であり，さらに常に懇に行き届く心であり手である。

（倉橋，2008「親切」p. 42（下線は筆者））

　潜在的な要求や，それへの応え方は幼稚園と小学校では異なる面がありますが，基本的には学校の授業でも同じことがいえます。小学校などでは，各教科の授業において，それぞれの学習目標が明確で，子どもたちはその習得に向けて学び，自己評価をすることもできるようになっています。「わかる喜び」「できる喜び」が子どもの自尊心や自己肯定感につながり，自分で考える子どもへと成長することにつながるのではないでしょうか。

　国語科教育に力を尽くした大村（1995）は次のように述べています。

　　いきいきとした教室，これは全部の先生の悲しいほどの願いです。この「いきいきとした教室」というのは，単なる明るい教室，元気のいい教室とは違います。「ハイハイ」「ハイハイ」と手をあげている，そのような程度ではないのです。ひとりひとりが，それぞれに，確実な成長感というの

第3章 子どもを理解するということ

でしょうか，一歩一歩高まっている，自分が育っている，という実感といったらよいでしょうか，それが持てる教室のことなのです。もちろん，子どもはそんな表現でとらえてはいませんが，<u>自分が伸びていると感じることは，ほんとうに，人をいきいきとさせます。</u>

　教師の仕事はこわいもので，あり合わせ，持ち合わせの力でやっていても，やさしく，あたたかな気持ちで接していれば，結構，良い雰囲気を作れるものです。子どもはもちろん，父母や同僚とも，いい関係を持っていけるものです。いい教師で過ごせるものです。そこが，こわいところです。安易に流れず，なんとかすますのでなく，人を育てるほんとうの仕事を見つめ，畏れながら，力を尽くしたいと思います。<u>端的に言えば，あり合わせ，持ち合わせの力で，授業をしないように，ということです。何事かを加えて教室へ向かい，何事かを加えられて教室を出たいと思っています。</u>「いきいきと」させるものは，そういうところから生まれてくると思います。

（大村，1995（下線は筆者））

　大村が言う「あり合わせ，持ち合わせの力で，授業をしないように」「何事かを加えて教室へ向かい，何事かを加えられて教室を出たい」という願いは，子どもたちの潜在的な力を信じて，それに応えられる準備をする必要性を指摘しています。子どもを理解するというのは，現象として目に見える子どもの姿をそのまま理解するというだけでなく，その可能性まで見極めることが，真の子ども理解であるということです。ロシアの心理学者ヴィゴツキー（Vygotsky, L. S.）が「発達の最近接領域」と呼んだのも，この発達可能性と同義と言ってよいでしょう。

　教育学者の林（1978）は，子どもの可能性について，次のように述べています。子どもの可能性は引き出されてはじめて現実になるのであり，それが教師の役割であり，責任であるという言葉もまた，発達の最近接領域を見出し，潜在可能性を引き出すことと同義と言えるでしょう。

私たちが考えておかなければいけないのは，教師が専門家として，十分な力量を備えていなければ，子どもが持っている豊富な可能性の大事な部分を，切り捨てるほかないんだという事実であります。子どもの可能性というものは引き出された時，はじめて現実になる。その引き出すことに対して，教師は責任を持っているのです。子どもが無限の可能性を持っているというのは，単なる言葉の綾ではありません。

（林，1978，pp. 115-116（下線は筆者））

ありのままの子どもを理解する

　子どもの可能性，言い換えれば潜在的な要求に目を向ける子ども理解と並んで重要なのが，「ありのままの子ども」を理解することです。子どもの可能性を見極めるためには，子どもの「現在（いま）」をそれまでの成長との連続性の中でよく見ることが欠かせません。保育者・教師の側の思い込みや要求，期待が，目の前にいる子どもを見る目を曇らせてしまうことがあるからです。

　事例2は，専門家の指摘が，目の前の子どもを見る目を曇らせてしまった事例です。保育者や教師の仕事は，どのようにしたら目の前の子どもが幼稚園や小学校で過ごしやすく，よりよく成長できるかを考え，育てることです。保育者や教師は，子どもの特定の課題を解決するスペシャリストではなく，いわば，子どもの生活をまるごと引き受けるジェネラリストとしての専門性を持っています（太田，2015）。この事例では，保育者が持つこうした専門性を理解せず，自分たちの専門性を放棄してしまったために，Yだけでなくクラスの他の子どもたちの成長の機会をも奪ってしまったものと言えます。

　◆事例2　専門家の指摘が子どもを見る目を曇らせた事例
　　3歳で入園してまもなく「自閉的傾向がある」と診断を受けた女児Y。保育者たちは専門家の意見を聞いて「この子は自閉的傾向があるから，人とのかかわりが苦手。この子が話す言葉は独り言だから気にしなくていい」と理解，共有し，Yとクラスの子どもがかかわりを持たないまま年長クラスまで保育してきた。

第3章　子どもを理解するということ

　　　年長クラス7月の共同制作。お化け屋敷を作って遊ぶ数日にわたる一連の活動の終盤，先生たちの予想に反して，皆といっしょにお化け屋敷に絵を描き，いっしょに活動しようとするY。他の子どもにも話しかけたり，道具をとってもらおうとするが，声をかけた子どもたちもYの言葉を無視して行動する。最後はお化けになった子どもに脅かされて泣いたまま活動が終了。

　事例3は，事例2と対照的に，クラス全体を考えてしたいことが優先していたために，目の前にいるMの姿に目をつぶっていた保育者らが自分たちの保育，子ども理解に違和感を感じ，目の前の子どもを見つめ直し，保育を立て直した例です。

　どうしたらMにとって幼稚園が過ごしやすい場になるのか，クラスが過ごしやすい環境になるのかについて，Mの視点からとらえ直したことで，Mが安心して過ごせる環境が子どもたちとともにつくられていきます。ここでは，Mの育ちもそうですが，他の子どもたちも同時に育っていきます。子ども理解が深まったことでMにとってよりよい保育が展開された事例といえます。

　また，この事例からは，自閉的傾向を持つ「特別な配慮を必要とする子ども」の理解や保育のあり方ではなく，どの子どもにも同じような見方，子ども理解の姿勢が必要であることを強調しておきたいと思います。どの子どもにもそれぞれの特徴や個人差があるからです。

◆**事例3　子どもを見直し，子ども理解を深めた事例**

　　　幼稚園の3歳児のクラス。男児Mは，自閉的な傾向があり，こだわりが強く，電車が好きで，皆といっしょに活動することがほとんどない子であった。そのため，いつもクラスの活動とは別行動をとることが多く，他の保育者がついてMの様子をみて，また皆のところに抱いて連れてくるということが多かった。
　　　入園して4か月目になってもその姿は変わらず，悩んでいた2人の保育者はMにとって自分たちはどんなふうに見えるんだろうかと相談し，自

分たちはきっとMがしたくないことを押しつけたり，いやなところに連れて行くMにとって「いやな存在」なんだろうね，ということになった。

　そこで2人は，Mが皆といっしょに保育に参加できるように，Mが好きな電車を手がかりに保育を組み立て直した。朝の出席シールを貼る机の前の壁に動く電車を貼り，駅ごとに「シールを貼る」，「コップを出す」，「カバンをしまう」絵をカードに貼り，Mが電車を一駅動かしたら「コップを出す」というようにしてみた。また，朝の会では，黒板に貼った電車で，一日の保育の流れをわかりやすく絵にして子どもたちに説明した。また，保育室の絵本コーナーには電車の絵本を置いてMの「ほっとスペース」とし，電車の切り抜きなどを貼るノートも作った。これらによって，Mは部屋から出ることもなくなり，ほぼ皆といっしょに生活できるようになった。皆とする活動から出ることはあっても絵本コーナーで大好きな電車の本や自分のノートを見ながら，皆の活動を近くで感じているようであった。

　こうしてみると，Mは一日の流れに見通しが持てなかったため，どうしていいかわからなかったということも理解できた。また，周りの子どもたちもMを「電車博士」と認め，活動に誘うなど進んでかかわるようになった。

　その後，年中クラスのときには当番活動などもできるようになり，卒園まで，ほとんどの活動をクラスの友達といっしょに過ごした。

（3）子ども同士のかかわりの姿を通して子どもを理解する

　それでは，次に子ども同士のかかわりの場面から子どもを理解することについて考えてみましょう。子どもたちは，人とのかかわりを通して自分を育てていきます。そのかかわりは，たとえば，母親や家族に始まり，保育者・教師や友達，先生などのほか，物語や文学など時間と場所を越えた人とのかかわりへと広がり，次第に抽象的，観念的になっていきます。換言すれば，次第に，大人や保育者・教師の目が届きにくくなり，目に見えにくくなっていくと言えま

す。大人がいないところで、目が届かないところで子ども自身が判断し行動することが多くなります。とくに、いじめなど価値観や道徳的判断をともなう不適切な行動は、子ども同士の関係の中に顕著に表れます。したがって、子どもたちの成長に応じて、その内面化されていく世界を理解していくことが大切になると考えられます。

事例4は、素朴ですが、子どもの心（感情）がどのようにつくられていくかを示す典型的な例といえます。

NとKは、偶然いっしょに遊びはじめて、なんだかうれしくなってそれを保育者に見せたかったのでしょう。保育者はそのうれしそうな様子に共感して、「お友達」「仲良し」「うれしい」など、その気持ちを言語化して子どもたちに返し、「仲良し」や「うれしい気持ち」とはどのようなものかを伝えているのです。

このような具体的な子どもの姿を受け止め、言語化していくことを生活を通して積み重ねていくことによって、子どもがどんなふうに感じたり、考えたりするのかを想像することが容易になります。

◆事例4

3歳児（年少）4月。砂場でそれぞれ遊んでいた2人の女児NとK。保育者は見ていなかったが、なにかの拍子に仲良くなったらしく、にこにこしながら手をつないで保育者の前に見せにやってきた。一言も話さず、ただ、にこにこして、ときどき2人で目を合わせてうれしそうにしている。

保育者が「お友達になったの。2人で手をつないで、仲良しだね。うれしいね」と声をかけると、2人はうれしそうにまた砂場に戻っていく。

事例5は、子ども同士のかかわりを通して、それぞれの子どもの成長の様子や課題が見えてくる例といえます。Jと他児の間に見られるように、放っておくと力関係が場を支配することも少なくありません。また、子どもは仲間とのかかわりを通してさまざまな葛藤を経験します。Jのように、自分中心では友達が離れていってしまうため、J自身が自分のあり方をコントロールして、友

第3章 子どもを理解するということ

達とのかかわり方を変えていかなければならないこともあります。

◆事例5
　4歳のときから，運動能力も高く何でもできた年長男児J。周りの男の子もJに憧れ，いっしょに遊ぶことを喜んでいる。年長になって，遊びの様子を見ていると，友達に命令して自分の思い通りに遊びを進めようとする姿が目立つ。周りの子どもたちも，それに違和感はなく，喜んでいっしょに遊んでいるが，保育者には気になる姿であった。
　ケイドロやサッカーなど，園庭での集団遊びを楽しむようになって，物静かだったSが目立って伸びてきた。それまでかなわなかったJと拮抗するほど力がついてきたことがわかる。子どもたちも，自分たちの話を聞いていっしょに遊ぶKと遊ぶことが多くなり，Jの周りから仲間が減っていく。最初は友達への高圧的な態度が目立ったJも，成長したSや仲間といっしょに遊ぶ楽しさを感じ，仲間での集団遊びがさらに活発になった。

　幼稚園では，保育者はほぼ一日中子どもと生活をともにし，子どもたちの内面的な成長が未熟であることもあって，友達とのかかわりや感じていることも，小学生に比べて理解が容易であるといえます。これに対して，小学校では授業以外の場面での子ども同士の関係が見えにくくなります。そのため，教師の目の届かないところで，子ども同士の関係が力に支配され，けんかやいじめなどが発生しやすいといえます。
　事例6は，教師が日常の子ども同士の関係を掌握していることによって，Hの行動に理解を示しながら保護者に対応している例です。Hとその保護者が子どもについて理解している教師への信頼感を持っていることがわかります。

◆事例6
　小学3年生男児H。同じクラスのRとはそりが合わない。ある日の昼休み，Rに言われたことにかっとなり，Rのランドセルを3階の教室から

外に投げ飛ばした。
　担任は母親を呼び出して状況を説明する。担任はふだんから休み時間などに子どもたちと遊んだり話したりしており，HとRの関係についてもわかっていた。「Hの気持ちもよくわかる」ことを母親に伝え，同時にRの母が怒っているので一言謝っておいてほしいことを伝える。

　幼稚園，小学校に限らず，その先も含めて成長にともなって生活が分化していくと子どもの生活場面も多様になり，次第におとなの目が届かない部分が多くなります。そのため，子ども同士が互いの個性を尊重し，協力し合いながら主体的によりよい人間関係を形成できるように，小学校でも「休み時間」や「始業前」「放課後」などの時間に子どもといっしょに遊んだり話したりしてその理解を深めることが求められます。
　また，こうした子ども理解には言葉が重要な役割を果たします。子どもの感じ方や考え方が他者との交流，とりわけ言葉を通して構築されると考え，「子どもたちとの具体的な言葉のやりとり」を対象化することで，子どもの内面を可視化できることから，フォーマル，インフォーマルな場面での話し合いは教育において非常に有効であるといえます。

（4）家庭との連携を通して子どもを理解する
　次に，家庭との連絡や連携を通しての子ども理解について考えてみましょう。子どもの視点に立ってみれば，幼稚園や小学校での自分に求められることと家庭でのそれができるだけ一致していた方が過ごしやすいでしょうし，わかりやすいと考えられます。しかし，たとえば幼稚園で求められることと家庭で求められることが大きく異なっているとしたら，子どもは混乱してしまいます。
　事例7では，子どもに対する期待やかかわりが，幼稚園と家庭で異なっているため，Dは「家庭での自分」を幼稚園でも一貫していると言えます。しかし，これはDにとって望ましいこととは言えません。ロシアの教育学者マカレンコ（Makarenko, A. S.）は子どもの人格を尊重することは要求することだ

という意味のことを言っています。教育は子どもの育ちの状況をとらえた上で，その時期を見極め，自分のことは自分でできる，自分でできることを増やしていく方向に向けて行われます。だとすれば，家庭と連携して子どもの育ちの状況を確認し（子ども理解を家庭と共有し），どのように育てていくかを共有した「共育て」が求められます。

◆事例7
　3歳男児のD。幼稚園では，お弁当も着替えもだいたい一番最後になる。保育者も繰り返し手伝ったり，自分でできそうなところは自分でさせながら，と考えてかかわっているが，10月になってもなかなかできるようにならない。
　その理由は，家ではお母さんが何でもしてくれるからである。Dは何もしなくても，立っていれば着替えさせてもらえるし，食事も座っていれば口に運んでもらえる。母親にはずっと話をしているが，「かわいいからいいんです」と言い，自分でさせようとしていないようすである。

　事例8は，保育者の思いが強く，子どもがどのような気持ちでマーチングに取り組んでいるかを考えないままにその練習を続けた事例です。母親は，子どもを励ましながら園に送り出しますが，園での保育者の期待や要求が，子どもの必要感や育ちの状況に見合っていないため，子どもが混乱し，苦しかった様子がうかがえます。取り組みのプロセスで，保育者と母親が相談することができればより適切な子ども理解にもとづく経験とすることができたと考えられます。

◆事例8
　運動会の演技の一つとして夏休み前から取り組んできたマーチングの練習。ドラムメジャーをつとめた年長女児のU。運動会が近づいた9月下旬には「幼稚園に行きたくない」という日もあった。母親は，子どもに「したくないときは先生に言うのよ」と話して園に送り出した。何とか運

第3章 子どもを理解するということ

動会当日を迎え演技したが，運動会が終わったその帰り道，「ママ，もうあの練習しなくていいんだよね」と母親に話す。よほど負担に感じていたようで，運動会後はメジャーバトンや楽器には触ろうともしない。後日，園長は母親からその話を聞いた。

家庭では当然，幼稚園や学校でのできごとについて，子どもから話を聞いたり，話し合ったりすることがあります。保育者や教師は，しばしば母親や家庭との連絡を通して子どもについて気づかされることもあります。

事例9，事例10は，母親との個人懇談などで，子どもが感じたり，考えたりしていることに気づかされた例です。言わば，母親を通して子どもから教えられたことと言えます。

◆事例9

目立つ子ではなく物静かな年長男児C。ちょっと心配性なところがあるが，保育者や友達の話をよく聞いて，場に応じて適切に行動できる。

年長になって担任が替わって，5月の家庭訪問でのこと。Cが家でこんなことを話しているとお母さん。「先生はみんなのことを（下の）名前で呼ぶのに，どうして僕のことだけ『けんちゃん』って（ちゃん付けで）呼ぶんだろう」と。この話を聞いて保育者ははじめて気がついた。

◆事例10

絵を描くときはいつも最後になる年長児A。皆が描き終えて，その日の活動の時間では描き終えられないことも多い。そんなときは，翌朝の自由遊びの時間に，保育者といっしょに絵の続きを描く。

保育者はAはきっと絵を描くことが好きではないんだろうなと思い込んでいた。ところが，個人懇談の日，母親とAについて話してみると，Aは絵を描くのは遅いけれど，「朝，先生と絵を描くのは楽しいよ。いろんなこと話しながら」と話しているという。

ここまで見てきたように，保育者や教師の子ども理解は，さまざまな場面で，

教師自身が最大限の力を発揮して取り組む保育活動や授業，ときに仲間のようにいっしょに遊んだり，話したりする関係を通して，そして家庭と連携する中で親や子どもの言葉を通して深めていくことが求められます。

そしてもう一つは，こうした子ども理解は保育者や教師一人ひとりによって行うだけでは十分ではなく，保育者や教師の集団の中で深められることが大切です。

3　子どもを理解するために「子どもをよく見る」ということ

前節の事例で見てきたことからも，保育や教育において子どもを理解するということは難しいことがわかったのではないかと思います。保育者や教師の思い込みや思い入れによって子どもを見誤る原因になることが少なくありません。

ここでは，子どもを理解する原点となる「子どもをよく見ること」について考えておきたいと思います。

(1) 共感的に見る

ありのままの子どもをとらえることは難しい。しかし，子どもを理解しようとすれば，その第一歩は子どもがしていることをそのまま素直に見つめることではないでしょうか。倉橋(2008)はその小論において子どもを見る際の保育者・教師の視点や感受について述べています。

> 子どもがいたずらをしている。その一生懸命さに引きつけられて，止めるの忘れている人。気がついて止めてみたが，またすぐに始めた。そんなに面白いのか，なるほど，子どもとしてはさぞ面白かろうと，識らず識らず引きつけられて，ほほえみながら，叱るのをも忘れている人。
> 　　　　　　　　　(倉橋，2008「引きつけられて」p. 36（下線は筆者))

共感的に見るということは，同時に，子どもの刹那的な心もちを見落とさずにていねいに見ることであり，子どもを理解することであるといいます。また，

第3章 子どもを理解するということ

保育者・教師がこうした共感的に受け止めることを忘れがちであると注意を促しています。

> 子どもは心もちに生きている。その心もちを汲んでくれる人，その心もちに触れてくれる人だけが，子どもにとって，ありがたい人，うれしい人である。
> 　子どもの心もちは，極めてかすかに，極めて短い。濃い心もち，久しい心もちは，誰でも見落とさない。<u>かすかにして短き心もちを見落とさない人だけが，子どもと倶にいる人である。</u>
> 　心もちは心もちである。その原因，理由とは別のことである。ましてや，その結果とは切り離されることである。多くの人が，原因や理由をたずねて，子どもの今の心もちを共感してくれない。結果がどうなるかを問うて，今の，此の，心もちを諒察してくれない。殊に先生という人がそうだ。
> 　その子の今の心もちにのみ，今のその子がある。
>
> 　　　　　　　　　　　（倉橋，2008「こころもち」p. 34（下線は筆者））

（2）注意力をもって見る

ノーベル文学賞を受賞した大江健三郎は，その講演の中でフランスの哲学者シモーヌ・ヴェイユ（Weil, S.）の言葉を引用して「注意力を尽くす」ことについて語っています。少し長くなりますが，保育者・教師の子ども理解を考えるのに大いに参考になると思うので，そのまま引用します。

> ヴェイユはこういうことも書いています。本当に価値のある人間というのは，どういうタイプかというと，苦しんでいる人にあって，「あなたはどのようにお苦しいのですか」と問いかけることができる人間なのだと。
> …（中略）…
> 　きみは，どのように苦しんでいるか，と問いかけることができることが大切だ，と。すなわち，何か陳列の一種のようにみなしたり，不幸なものというレッテルを貼られた，社会の一部門の見本のようにみなしたりしな

い。あくまでも私たちと性格の同じひとりの人間と見ていくこと。その人間が，たまたま不幸なために，ほかの者には追随することのできないしるしを身に帯びることにいたったのだと知ること。そのためには，ただ不幸な人の上に一途な思いを込めた目を向けることができれば，それで十分であり，また，それがどうしても必要なことである。その目は何よりも注意する目である，といいます。

　そしてそのような人間になる努力として，注意力というものを訓練していけば，あとになって機会が到来したとき，いつかは不幸な人が，この上ない苦悩に苦しんでいるのに際して，その人を救うことができる助けの手を，しっかりと差し伸べることができるようになる，と彼女はいうのです。
（大江，1995「新しい光の音楽と深まりについて」pp. 54-55）

　大江が指摘する「注意力」は，障害を持つ子どもに対してというだけでなく，すべての子どもに対して向けられるものです。社会的な視点から「子ども」をとらえようとすることが必要であり，それを目の前にいる一人ひとりの子どもの具体と結びつけることが求められます。そしてそこから，保育者や教師として，あるいは保育者・教師集団や幼稚園や学校という組織としてできることを考え，実践していくことにつながるのではないでしょうか。

　最後に，こんにちの家族や親子関係の多様化への配慮として，保育者・教師に求められることについて考えておきたいと思います。

4　多様な子どもへの配慮

　社会やその環境，価値意識の変化，親の働き方の変化などの影響を受けて，家族や親子関係にもさまざまな変化が起こり，多様化が進んでいます。
　ここでは，①共働き世帯の一般化にともなう子育ての支援，②子どもの貧困，について考えてみましょう。

第3章　子どもを理解するということ

（1）共働き世帯の一般化にともなう子育ての支援

　共働き世帯は1998年ごろを境に全世帯の過半数を占めるようになり，2010年には全体の6割を超え，この傾向はさらに顕著になっています。共働きの増加や働き方の多様化にともなって，保育所や学童保育の不足，幼稚園の預かり保育を含む保育の長時間化などが進んできています。

　こうした動向は，親子がいっしょに過ごす時間の減少につながっており，家庭の教育力の低下や子どもの保育や教育が相対的に外部化されるようになってきていることを示しています。そのため，幼稚園などでは，預かり保育のほか，子育てや教育に関する保護者に対するさまざまな支援が必要になってきており，子育てや教育に関する相談，子育て等に関する情報の提供，親の学習機会や親子の交流の場の提供などが求められるようになっています。

　また学校に関するものとしては，2016年現在，文部科学省と厚生労働省の協力の下で「放課後子ども総合プラン」が推し進められています。これは，共働き家庭等で子どもが小学生になると預け先がないいわゆる「小1の壁」の打破とともに，次代を担う人材を育成するため，学校の空き教室などを活用して全ての就学児童が放課後等を安全・安心に過ごし，多様な体験・活動を行うことができるよう，一体型を中心とした放課後児童クラブおよび放課後子供教室の計画的な整備等を進めようとするものです。

　コーディネーターや教育活動推進員，教育活動サポーターのほか，地域住民や大学生，企業OB，民間教育事業者，文化・芸術団体等の様々な人材の参画を得て，学習支援や体験活動，交流支援などの多様なプログラムを提供しようとするものです。運営責任主体は，市町村の教育委員会，福祉部局が担うことになっているため，学校がその主体ではありませんが，全ての児童の安全・安心な居場所を確保するため，同一の小学校内等で両事業が実施されることから，教師の理解と協力も不可欠です。

　学齢期の子どもの放課後の生活を身近に感じ，目にすることは，子どものさらなる理解や，学校や教師がそこに閉じるのではなく開かれることの必要性や新たな役割を意識することにつながると期待されます。

（2）子どもの貧困

　現在の日本では，子どもの6人に一人が「相対的貧困」状態にあります。政府の調査によれば，わが国の子どもの貧困の状況が先進国の中でも厳しく，また，生活保護世帯の子どもの高等学校等進学率も全体と比較して低い水準となっています（内閣府，2015）（第7章7-1も参照）。

　子どもの相対的貧困率は1990年代半ばごろからおおむね上昇傾向にあり，2012年には16.3％となっています。子どもがいる現役世帯の相対的貧困率は15.1％ですが，そのうち，大人が一人の世帯の相対的貧困率は54.6％と，半数を超えており，大人が2人以上いる世帯に比べて非常に高い水準となっています（内閣府，2015）。

　こうした現状を踏まえて，2014年8月に政府は「子供の貧困対策に関する大綱」を閣議決定しました。貧困の連鎖を防止し，教育の機会均等を図り，全ての子どもたちが夢と希望を持って成長していける社会の実現を目指し，子どもの貧困対策を総合的に推進するものとされています。

　教育の支援では，「学校」を子どもの貧困対策のプラットフォームと位置づけて総合的に対策を推進するとともに，教育費負担の軽減を図るものとされ，とくに「教育の支援」は，「生活の支援」などと並んで，重点施策の一つに位置づけられています。

　学校をプラットフォームと位置づけ，教育によって貧困からの脱却を図ろうとしています。また，福祉関連機関との連携，スクールカウンセラーやスクールソーシャルワーカーなど，教師以外の専門職との連携により，いわば「チーム学校」として施設や人材などの社会資源を有効に活用する動きとなっており，学校の総合力をもって，かつ子どもを中心において絶え間ない支援を図ることが意図されています。こうした観点から教師は，これらの子どもたちの状況について，教育面はもちろんですが，その生活面や保護者の状況にも目を配りながら，複眼的に子どもを見つめ，必要に応じて関係機関と協力していくことが求められます。

第3章　子どもを理解するということ

 〈もっと詳しく知りたい人のための文献紹介〉

阿部彩『子どもの貧困』岩波新書，2008年。
　⇨子どもの貧困について問題を投げかけた本。子どもの貧困とは何か，貧困世帯に育つことがどういうことを意味するかなどについて多くのデータを示すとともに論じている書。現代日本の子どもの状況の理解に必読の書。

神田英雄『3歳から6歳』ちいさいなかま社，2004年。
　⇨3歳から6歳の幼児後期の子どもの発達的特徴を学童期を視野に入れて解説しています。とくに，各時期の発達の特徴を羅列するのではなく，具体的な子どもの姿を示しながら保育のポイントになる部分に焦点を当てているので，子ども理解の参考になる良書です。

〈文　献〉

林竹二『学ぶということ』国土社，1978年。
倉橋惣三『育ての心（上）』フレーベル館，2008年。
内閣府「平成27年版子ども・若者白書（全体版）」2015年。http://www8.cao.go.jp/youth/whitepaper/h27honpen/b1_03_03.html（2017年3月8日閲覧）
文部科学省『幼稚園教育要領』フレーベル館，2008年。
文部省『保育要領』1948年。
大江健三郎『あいまいな日本の私』岩波書店，1995年。
大村はま『日本の教師に伝えたいこと』筑摩書房，1995年。
太田光洋『新版・乳幼児期から学童期への発達と教育』保育出版会，2015年，p. 2。
高島善哉『実践としての学問』第三出版，1971年，p. 218。

第 4 章
保育者・教師は活動・授業をどのようにつくるか

　第 4 章では，保育者や教師がもっとも専門性を問われる活動実践および授業実践の作成過程を具体的に示します。一つの，あるいはひとまとまりの活動および授業の目標やねらいを定め，活動・指導計画を立てて実践に移し，そして省察・評価する一連の保育・教育活動について，教科書，教材をどのように活用するかなど，できる限り細部にわたり指導計画や学習指導案を示しつつ，考えます。

【キーワード】
教育目標　教育課程　指導計画　幼稚園教育要領　環境構成　学習指導案　学習指導要領　単元の指導計画　教材解釈力　授業設計力　教材研究　指導と評価の一体化

4-1
保育をつくる

　保育は，幼児期の子どもの発達的特徴を踏まえて，日々の子どもの生活を充実発展させ，望ましい発達の援助を促すものです。保育はあらかじめ決められた到達目標に向かって計画された活動を行うものではないという点で，小学校以上の学校における授業とは異なります。保育は幼児期の子どもの重要な学習である遊びを保育方法として活用しながら，子どもが主体的にかかわる環境を構成し，同時に友達や保育者との相互作用を通して，子どもの諸能力を育成していくプロセスです。

　保育では子どもの活動に応じてつねに状況が変化し，保育者はその状況に応じて柔軟に対応することが求められます。保育者があらかじめ決めた目標に子どもを誘導するのではなく，子どもの遊びや活動の充実感につながることを目指します。したがって保育の計画は，それぞれの子どもの自発性や主体性を制限するものではなく，子どもが自発的に，自らの力を発揮できるようにするためのものといえます。そのため，保育における計画は柔軟に修正されることも少なくありませんが，保育に見通しを持ち，必要十分な環境構成を準備し，子どもの発達や活動の姿から保育を振り返り評価するためにも計画を立てることは重要です。

　本節では，日々の保育が，園の全体的な計画の中でどのように計画され，具体化されていくかについてみていきましょう。

1 教育目標・ねらいをどのようにつくるか

（1）教育目標の共有

　保育では，一人ひとりの子どもの遊びや活動の状況に応じて保育者が主体的に判断し，対応することが求められます。担任の保育者は，クラスの一人ひとりの状況をもっともよく理解している存在ですが，この判断と行為のためには，保育者がある程度の自信を持っていることが大切です。経験の浅い保育者の中には，「これでいいのか」「他の先生に何か言われないか」などと考え，隣のクラスの先生や主任などの目を気にしたり，判断を任せてしまうことがあります。このように自分の目で子どもを見ないで，「横を見る保育」になってしまうのは，保育者自身の中に判断の根拠となる基軸になるものがないからです。場面場面，瞬間瞬間に判断と対応が求められる保育では，この「判断の根拠」を土台に対応します。この「判断の根拠」となるものがなければ，その場その場の刹那的な，一貫性のない対応，保育になってしまいます。保育者が主体的に考えない，判断できない「横を見る保育」をしていては，保育はおもしろみもやりがいもないものになってしまいます（太田，2016）。

　それぞれの保育者が主体的に判断し，やりがいのある保育を行うことは，一人ひとりの子どもが生き生きと生活することにつながります。そのためには，保育者同士が，「どのような子どもに育ってほしいか」「どのような子どもを育てたいのか」をまず共有することです。すなわち教育目標となる子どもの姿を共有することが必要です。教育目標は抽象的ですが，それを具体的な子どもの姿としてとらえるとそれぞれの保育者が考える望ましい子どもの姿に共通点が見えてきます。

幼稚園の教育目標の例
伸びやかな心　健やかな体　豊かな想像力

「どんな子どもに育ってほしいか」という願いが共有できると，具体的に経

験させたい内容や方法も共通したものになってきます。その第一歩として教育目標に示される子どもの姿を共有することは大切です。

（2）**教育課程と指導計画**

　日々の保育は「どのような子どもに育ってほしいのか」という大きな教育目標のもとで展開されます。こうした教育目標の実現のために，幼稚園では入園から卒園まで子どもの全在園期間を見通した園生活の全体的計画である「教育課程」を編成します。教育課程は，子どもの発達の予測にもとづいて編成される実践のための基準，あるいは見通しを示す手がかりとなるものです。

　この教育課程を具体的な実践として計画したものが指導計画（指導案）です。指導計画には年，月，週，日など，長期と短期にわたるものがあり，その区切り方や様式は園によってさまざまです。一般に保育現場では，「年間計画」，「月案」，「週案」，「日案」などと呼ばれます。期に分ける場合や週・日をいっしょにする場合もあります。教育課程と指導計画の関係を図に示すと図4.1.1のようになります。指導計画は，期間が短くなるにつれて，より具体的になります。

（3）**保育における計画立案の要点**

　教育課程の編成，指導計画作成の際の基本は，自分の幼稚園の子どもの姿にもとづくものでなければなりません。それぞれの園がある地域や子どもたちの生活環境，親の養育態度などによって，子どもの育ちは異なるものですから，園での子どもの姿をていねいに見ることから始める必要があります。

　その際，一般的な幼児期の発達的特徴や発達段階を踏まえて，その年齢や時期にふさわしいねらいを立てていく必要があります。また，子どもの遊びに取り組む姿から子どもの興味や関心をとらえておく必要があります。自主的，主体的に取り組む遊びは，その子どもなりに楽しさを見出しているのであり，それはすなわち子どもの中で育ちつつある何かを育てているものともいえます。前述の教育目標と同様，目の前にいる子どもたちの実態をとらえ，保育者が共

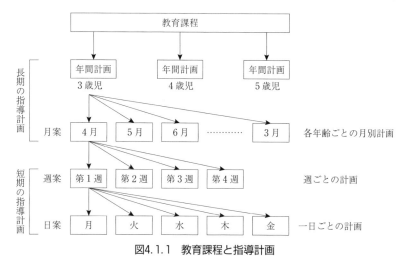

図4.1.1　教育課程と指導計画

有することは，個々の保育者の子ども理解や保育理解を深め，自信につながるとともに，園全体の保育力の向上につながります。

　教育課程の土台となる子どもの姿を記録した例が図4.1.2です。また，そうした子どもの姿をもとに編成された教育課程が図4.1.3です。

　また，幼稚園教育要領では，幼児の発達の側面から，「健康」「人間関係」「環境」「言葉」「表現」という5つの領域として整理されています（表4.1.1）。それぞれにねらいと内容が示されていますが，各領域に示されたねらいは「幼稚園における生活の全体を通じ，幼児が様々な体験を積み重ねる中で相互に関連を持ちながら次第に達成に向かうものであ」り，「内容は，幼児が環境にかかわって展開する具体的な活動を通して総合的に指導されるものであることに留意しなければならない」とされています（幼稚園教育要領）。領域に示された5つの観点から子どもの成長や発達をとらえつつ，子どもの実態や興味関心に即して総合的に保育を計画，展開していくことが求められます。

第4章　保育者・教師は活動・授業をどのようにつくるか

成長ステージ		期の特徴	幼児の姿
3歳児	4月	Ⅰ　家庭から離れ、幼稚園に慣れ、個々に安定していく時期	・幼稚園生活を知り、安心して過ごそうとする ・新しい生活での緊張や不安を抱き、泣く子どもや保護者と離れにくい子どももいる ・幼稚園での生活の流れがわかり、身支度がうまくできないために泣いたり、教えてもらいながらも自分でしようとする
	5月		・笑顔で過ごすことが増える。ときどき不安になり、泣きだす子どももいる ・給食の好き嫌いがある ・覚えた友達の名前を呼びだす
	6月	Ⅱ　自分から動き出すようになり、興味を持った遊びを繰り返すようになる時期	・幼稚園が楽しいと感じ始める ・登園すると自分から友達や教師に挨拶をする ・身支度など生活に必要なことで自分でできることが増えてくる ・気に入った遊びを続けてするようになる ・動物や乗り物の表現遊びを楽しみだす ・水遊びを楽しみにする ・物の取り合いなどのトラブルの際、教師の仲立ちにより自分の思いを相手に伝える
	7月		・サツマイモの苗を植え、水やりをしたり成長を見る ・欠席の友達のことが気になり始める ・友達のすることを見たり、真似たりしながら一緒に遊ぼうとする ・興味のあるものに対して自分から要求してやってみようとする
	9月	Ⅲ　一学期の生活を思い出し、友達とかかわりながら遊びの楽しさを感じていく時期	・久しぶりの登園を喜び、一学期にした遊びを楽しんでいる ・不安そうにしたり、泣いたりする子がいる ・自分のしたい遊びに没頭している子もいる ・気の合う友達と一緒に好きな遊びを繰り返し楽しむ ・自分の思いや考えを通そうとしてトラブルになることもある ・友達の行動に興味を持ち、教師に伝えに来る ・運動会の取り組みで身体を動かすことを楽しむ
	10月		・運動会で行った踊りをしてみたり、使った用具で遊ぶ姿が見られる ・経験したことや感じたこと、相談したことをさまざまな方法で表現する ・人前で歌ったり、発表することが楽しいと感じる ・木の実や木の葉を集めて遊んでいる
	11月	Ⅳ　自分のしたい遊びをしながら、友達がそばにいることに心地よさを感じていく時期	・教師の言葉による説明を理解して行動する ・相手に自分の感情が素直に出せるようになる ・トラブルが起きると友達の気になるところだけを取り上げて伝える ・栽培活動を通して生長を観察する ・人前で歌ったり、発表することが楽しいと感じたり、緊張したりする ・他のクラスの発表を見て真似をしたりして表現遊びをする
	12月		・ままごとを使ってごっこ遊びを楽しみながら言葉のやりとりを楽しむ ・風の冷たさを感じながら戸外で遊ぶ ・年末の行事に興味を持ち、楽しみにする ・保育室やおもちゃの掃除を進んで行うようになる
	1月	Ⅴ　周りの友達と"思い"や"考え"がつながるようになり、遊びが楽しくなってくる時期	・休み明けの園生活への切り換えもスムーズにできる ・久しぶりに教師や友達と会えることを喜ぶ ・正月遊びに興味を持って遊ぶ ・鬼の絵を描いたり面を作ったりして節分を楽しみにする ・すもう大会に向けて、取り組みをしたり、友達の応援をする ・勝ち負けの悔しさを味わう
	2月		・手洗い、うがいが習慣付いて、自ら進んで行う ・友達とのかかわりが増え、一つの遊びにじっくり取り組むようになる ・マラソンを知る ・未就園児と交流し、相手を思う気持ちを持つようになる
	3月		・友達や教師と集団で遊ぶことを楽しむ ・進級に期待を持つ ・園外活動を楽しむ ・自分のしたいことや友達がしたいと思っていることを代弁して教師や友達に伝える

図4.1.2　3歳児の姿とねらい

4−1 保育をつくる

	9月	10月
幼児の姿	・久しぶりの登園を喜び，一学期にした遊びを楽しんでいる ・不安そうにしたり，泣いたりする子がいる ・自分のしたい遊びに没頭している子がいる 　・気の合う友達と一緒に好きな遊びを繰り返し楽しむ 　・自分の思いや考えを通そうとしてトラブルになることもある ・友達の行動に興味を持ち，教師に伝えに来る ・運動会の取り組みで身体を動かすことを楽しむ	・運動会で行った踊りをしてみたり，使った用具で遊ぶ姿が見られる ・経験したことや感じたこと，相談したことをさまざまな方法で表現する ・人前で歌ったり，発表することが楽しいと感じる ・木の実や木の葉を集めて遊んでいる
期の特徴	Ⅲ　一学期の生活を思い出し，友達とかかわりながら遊びの楽しさを感じていく時期	
ねらい	・園生活のリズムを取り戻し，簡単な身の回りのことを自分からしようとする意欲を持つ ・教師や友達に経験したことや気持ちが伝わる嬉しさを味わう ・身近な秋の自然に親しむ	・自分の思いを教師や友達に伝えようとする ・教師や友達と一緒に戸外で身体を十分に動かして遊ぶことを楽しむ ・身近な秋の自然に触れて楽しむ
環境構成の要点	・久しぶりの園生活を安心して過ごせるように一学期に使っていた玩具や遊具を遊びやすいように準備しておく ・友達のことに関心を持てるよう話を聞く機会を設ける ・必要に応じて水分補給を行い，室温を適温に保つ ・運動会に期待を持ち，楽しく取り組めるように踊りや競技で使う衣装や道具を用意していく ・他学年と調整しながら，広い場所で十分に身体を動かせるようにする	・運動会ごっこができるように踊りのコーナーを作り音楽を流したり，競技で使った用具等を使いやすいところに置いておく ・子どもたちが集めたものや拾ったものは興味が持てるようにしたり，遊びに使ったりできるような場所に置く ・季節を味わえるような収穫や栽培を体験できる機会を設ける
教師の援助	・所持品の始末や身の回りのことはやり方を思い出せるように知らせたり，十分に時間を取り，自分でしようとする姿を認めたりする ・自然に触れながら子どもたちの感じたことや発見したことに一緒に共感していく ・子ども同士のトラブルでは一人ひとりの気持ちを受け止め，相手の気持ちにも気付いていけるようにする ・お月見に興味が持てるように粘土で団子を作ったり，皆でススキを取りに行く	・一人ひとりの子どもの表情や身振り，言葉などから表現している子どもの気持ちを感じ取り，必要に応じた援助をする ・教師も遊びの仲間に入り，皆で一緒に身体を動かして遊ぶことで楽しさを伝えられるようにする ・友達と楽しく遊ぶためのルールがあることに気づくようにその場に応じてルールの確認を一緒にしていく

図4.1.3　3歳児の教育課程（9・10月部分）

第4章 保育者・教師は活動・授業をどのようにつくるか

表4.1.1　幼稚園教育要領に示される5領域

5領域	領域の説明
健　康	健康な心と体を育て，自ら健康で安全な生活をつくり出す力を養う
人間関係	他の人々と親しみ，支え合って生活するために，自立心を育て，人とかかわる力を養う
環　境	周囲の様々な環境に好奇心や探究心をもってかかわり，それらを生活に取り入れていこうとする力を養う
言　葉	経験したことや考えたことなどを自分なりの言葉で表現し，相手の話す言葉を聞こうとする意欲や態度を育て，言葉に対する感覚や言葉で表現する力を養う
表　現	感じたことや考えたことを自分なりに表現することを通して，豊かな感性や表現する力を養い，創造性を豊かにする

（出所）　文部科学省（2008）

（4）「ねらい」をどのように考えるか
　　──「保育の総合性」「子どもによる個別性」とのかかわり

　前述したように，保育は領域を手がかりとしながらも，相互にかかわりながら総合的に展開するものであることから，一つの活動に一つのねらいが直接対応するわけではありません。たとえば，「生活の中でイメージを豊かにし，さまざまな表現を楽しむ」という大きなねらいもあれば，「公園で拾った落ち葉で構成遊びを楽しむ」といった細かいねらいもあり，これらが一つの遊びや活動の経験に含まれます。つまり，一つのねらいがいくつもの経験を通して達成される場合もあれば，一つの活動にいくつものねらいが含まれることもあるわけです。

　また，もう一方で，一人ひとりの子どもに対するねらいが異なることもあります。同じ活動をしていてもそこでの個々の子どもの経験はそれぞれ異なります。たとえば，皆で紙飛行機を飛ばしているとき，よく飛んでいる子に「○○ちゃんの飛行機，すごいね。よく飛ぶね」などと保育者が声をかけると，子どもたちの多くが注目します。その子どもに近づいて，飛行機を見せてもらう子，貸してもらう子，飛ばし方をよく観察する子，質問する子などがいる一方で，関心を示さず，自分の飛行機を力任せに投げ続ける子もいます。同じ場で同じ活動をしているのですが，それぞれの子どもが経験していることは異なります。

4-1 保育をつくる

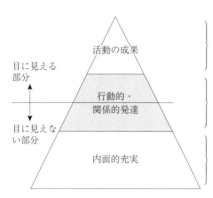

図4.1.4 保育を通して子どもに育つもの
(出所) 関口・太田 (2003) p. 142をもとに改変

　しかし，保育においては集団の中でもそれぞれの子どもの姿に応じて，保育者は個々にかかわり，無関心な子にさらに個別に声をかけるでしょう。そうやって，それぞれの子が，友達のしていることに関心を持ち，話を聞いたりして，自分で工夫するというような大きなねらいを達成できるようにしていくわけです。それは同時に，クラスとしての共通体験を積み重ねることで，共通の価値観や生活に必要な一定の力を身につけることにつながります。保育のねらいや成果は目に見えるものと目に見えないものがありますが，目に見える成果だけを追い求めると，自分で考え，協力し合えるような主体的な子どもが育たない浅薄な保育になってしまうので気をつけたいものです（図4.1.4）。

2　指導計画（日案）をどのようにつくるか

　ここまで見てきたように，一日の保育の計画（日案）は，保育の全体的な計画の中で，総合的に，また系統的な連続性を持って立案されるものです。計画の全体を示したものが次の図です（図4.1.5）。
　それでは，年長児の「花火の絵を描く」活動を例に，一日の保育がどのようにして計画されるかをみてみましょう。

第4章　保育者・教師は活動・授業をどのようにつくるか

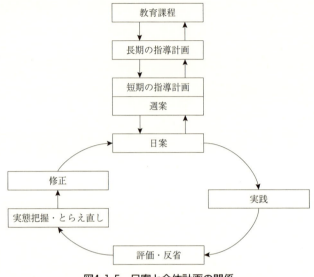

図4.1.5　日案と全体計画の関係

（1）子どもの生活体験を踏まえて活動を計画する

　保育における活動は，自分の園の子どもの姿を起点とするものですから，子どもの生活体験やそこでの子どもの姿を踏まえて活動を選択することが必要です。たとえば，次の事例にみるように子どもたちの体験，とくに心揺さぶられるような体験にもとづいて活動を選択することがあります。

　◆事例

　　A幼稚園の夏のお泊まり保育。お泊まり会に向けて子どもたちはさまざまな準備をしてきましたが，お泊まり会の夜，保護者や先生が協力して上げた花火に子どもたちがとても感動する姿が見られました。夏休み明けにお泊まり会を振り返った話し合いのときにも，花火は強く印象に残っていたようすで，きらきらと目を輝かせて話す子どもたちの姿が見られました。中には，夏休みに家族で花火をしたり，地元の花火大会に出かけた子も多くいました。そこで保育者は，子どもたちの感動を絵で表現する機会

4-1 保育をつくる

をつくりたいと考え，花火の絵を描くことにしました。

またこの「花火の絵を描く」活動は，たんに「絵を描く」という経験として位置づけられるだけではなく，「お泊まり会」の準備から振り返りまでの一連の活動の一つとして位置づけられるものでもあります。

（2）教材研究をどのように進めるか

それでは，どのような絵を描くのか，これまでの絵を描く経験を踏まえて，お泊まり会で子どもたちが感動した大きな花火を描くのに，どのような画材を使って，どのように進めていったらいいかを考えます。こうした保育の計画や準備，目的に応じたよりよい教材や保育のあり方を検討するのが「教材研究」です。

教材研究は，子どものこれまでの経験を踏まえ，繰り返し形を変えて経験を積み重ねることや，新たな経験，発達に応じて難易度の低いものから高いものへといった系統性を考えて，そのときの子どもにふさわしいものを精選することが大切です。また，子どもへの提示のしかたや説明のわかりやすさも子どものやる気を促す動機づけには大きな影響を及ぼします。とくに幼児に対しては「導入」と呼ばれる活動の動機づけの強さが，その活動に取り組む姿勢や持続力，活動の成果や発揮する力に大きく影響します。わかりやすくインパクトのある，そして短時間の導入を心がけるとよいでしょう。

A幼稚園の保育者は，教材研究の末，次のような大まかな計画を立てました。

◆事例（教材研究）

まず，子どもたちがこれまでクレパスや絵の具，サインペンやマジック，コンテなどさまざまな画材を使って，八つ切り，四つ切り画用紙に絵を描く体験を積み重ねてきたことを振り返りました。その上で，今回は子どもたちの感動を表現するのにふさわしい体験として，大きな黒の模造紙に，絵の具で花火の絵を描くことにしました。

同時に，感動したとはいえ，少し時間が経っているので，子どもたちが

その感動をリアルに思い出せるように，お泊まり会の花火やそのときの感動について話し合いを持つことにし，花火の絵本も用意することにしました。

そして，話し合いにどのくらいの時間をかけるのか，どのように子どもたちに話をし，問いかけ，子どもたちの表現をどう共有するのかなどについて検討しました。

（3）指導案の作成と評価

こうした教材研究をもとに，計画を整理し，指導案を作成します。作成した指導案は図4.1.6に示したとおりです。

この指導案では，2つの目標が設定されています。一つはお泊まり会を振り返ることであり，もう一つは花火の絵を描くことですが，後者の方にウェイトがかかっています。前者の目標は，この日の話し合いや活動で完結するのではなく，他の場面でも振り返りながら，その経験を意味づけ，確認していくことになります。他方，この日の中心である花火の絵を描く活動は，そこで活動の成果が明示されるものです。

指導案では，子どもの姿を踏まえて，活動のねらいと内容を選択し，その実現のために，環境構成や準備，子どもへの働きかけや援助，時間配分などを具体化し文字化します。しかし，「評価・反省」の欄にあるように，この日は絵を描いた後，保育室に戻って昼食の計画でしたが，子どもから「花火を見ながらご飯を食べたい」という声が上がったのを受けて，急遽ホールで花火の絵を見ながら昼食ということに変更されています。このように保育では子どもがより充実した時間を過ごせるようにすることが大切であるため，保育の計画は子どもの状況を見ながら修正される柔軟性を持つものと考えておくことが大切です。計画は見通しや準備に必要ですが，それに縛られすぎると子どもを見る目を曇らせることがあることを知っておいてほしいと思います。

さて，評価についてですが，評価はねらいに対応して行います。また，保育における評価は子どもを評価するのではなく，子どもの姿を介して，保育者自

4-1 保育をつくる

幼児の姿	ねらい	内容
夏のお泊まり会では準備から当日まで子どもたちは協力して取り組み，大きな自信になったようだ。夏休みが明けてからもお泊まり会ごっこをする姿や花火の話をするようすも見られる。夏休みに地域の花火大会に行った話をする子や自由画で花火を描く姿も見られる。	・お泊まり会の経験を振り返り，皆でがんばったことを認め合う ・お泊まり会の花火を見たときの感動を思い出し，絵の具を使って大きく表現する喜びを味わう	・お泊まり会について話し合う ・絵の具を使って模造紙に花火の絵を描く

時刻	環境構成・準備	予想される幼児の姿	保育者の援助・配慮事項
10:30	・お泊まり会を思い出す手がかりになるように写真や使ったものなどを準備する 〔子ども〕 ① 近くにすわって話をきく ・花火の絵本を用意する ・『はなびドーン』童心社 ・『はなび』教育画劇 ・『しんちゃんのはなび』童心社	○夏のお泊まり会について話し合う ・写真などを手がかりに思い出したことを話す ・最初は不安だったことをグループ活動などを通じてがんばることができ，克服していけたことを話す子がいる ・とくに印象に残ったことについて話す子がいる ○花火の美しさや感動について話す子がいる ・花火の絵を描きたいという子がいる ・保育者の問いかけに対して，それぞれが自分の言葉や身振りで表現する ・早く描きたいという子がいる	・一人ひとりがお泊まり会の準備から当日までの取り組みを思い出し，不安だったことやがんばったことを発言できるように話し合いを進める ・子どもたちが協力してがんばったことを認め合い，やり遂げた喜びを味わえるようにする ・一人ひとりの印象に残ったことを受け止め，皆と確かめながら共有する ・お泊まり会で保護者の方々に手伝ってもらったことを確認し，うれしかったこととして花火があったことを共有し，皆で大きくてきれいな花火の絵を描くことを提案する ・どんな花火だったか，大きさや色，形，自分たちで持ってする花火との違いなどについて具体的に問いかけ，絵本などを見せながら，具体的に思い出し，イメージできるようにする
10:50	・ホールの壁面に黒い模造紙を貼り，床にビニールシートを貼る，花火の発射台を作っておく 〔えのぐ〕 黒の模造紙 ステージ ・黒画用紙に花火が映えるように蛍光のえのぐも準備する	・ホールに移動する ○筆と絵の具を持ち，それぞれ花火の絵を描く ・子ども同士で気のついたことを話し合いながら，描き進める ・保育者の言葉を聞いたり友達と会話しながら完成を確認し，喜ぶ姿が見られる ・皆で花火の絵を見る	・ホールに移動して花火の絵を描くことを伝える ・壁面を見せ，絵の具の使い方を簡潔に説明して描いてよいことを伝える ・必要に応じて，気のついたことを声がけしたり，絵の具の補充や扱いについて援助する ・画面がいっぱいになったのを見計らって子どもたちといっしょに絵を見たりしながら，活動を締めくくる ・皆で完成した絵を見て，感動を振り返る
11:20 11:25		○保育室に戻って，手を洗い，昼食の準備をする	・絵の具や筆を片付け，保育室に戻る

評価・反省

・お泊まり会の振り返りでは，時系列に沿って自分たちの気持ちの変化やがんばった姿を確認することができた。また，目標に向けて協力してやり遂げたことが大きな自信になっているようだ。
・花火はやはり子どもたちの印象につよく残っていたようで，どの子もすぐに描き始め，大きく表現することができた。
・絵が完成して皆で見たときに，子どもたちからも感動の声が上がった。また，「花火を見ながらご飯を食べたい」という子どもから声が上がったため，急遽ホールで花火を見ながら食事をすることに変更したこともよかった。

図4.1.6 指導案の例

身の子どもをとらえる目，子ども理解やその指導のあり方を評価するものです。成果を評価すること以上に，その活動のプロセスに目を向けることが求められます。そして，評価を通して，続く保育を改善していくことが大切であることは言うまでもありません。

〈もっと詳しく知りたい人のための文献紹介〉
太田光洋（編著）『幼稚園・保育所・施設実習完全ガイド　第2版』ミネルヴァ書房，2015年。
　⇨指導案や実習日誌の書き方とそのポイントについて具体的事例を多数掲載して詳しく解説している実習，指導案作成の入門書。
倉橋惣三『幼稚園真諦』フレーベル館，2008年。
　⇨現在の幼稚園教育の基盤となっている倉橋の幼稚園教育論。保育案，保育課程について幼稚園教員向けの講演などをもとにわかりやすく解説されています。

〈文　献〉
文部科学省『幼稚園教育要領』フレーベル館，2008年。
太田光洋「保育する人の資質・能力」木山徹哉・太田光洋（編著）『教育原論』ミネルヴァ書房，2016年，pp. 121-122。
関口はつ江・太田光洋（編著）『実践への保育学』同文書院，2003年。

4-2
授業をつくる

　「授業」は，「教師」と「子ども」が「教科書，教材・教具」を用いて，相対して行う「教授・学習活動」です。授業は，子どもの側から見れば，これまでの文化を習得し諸能力を発達させていく過程であり，教師の側から見れば，学習指導要領に則り，一定のねらいにもとづいて目標を目指していく過程であるといえます。授業を「教授―学習過程」と呼ぶ所以はここにあります。さて，「授業をつくる」ためには，授業において子どもに何を指導するかという「授業のねらい」と，子どもに何を獲得させるかという「目標」を的確，適切に検討することが出発点となります。この検討を経て，1単元，あるいは数時間や1時間の授業を設計していくことになります。この検討の場面では，「教科書の検討」，「教育内容や教育方法の検討」，「教材・教具の吟味」，「学習形態の検討」，そして授業の「評価」が不可欠です。本節では，小学校第6学年の理科授業「水溶液の性質」を一例として題材にしながら，全教科・領域等を貫く「授業をつくる」ことの考え方と方法について，「授業のねらい，目標はどのように考えるか」，「学習指導案はどのように作成されるか」，「実践をどのように評価するか」ということについて具体的に説明を加えていきます。このことを通して，「授業をつくる」ということの諸相を多角的にとらえていきます。

1　授業のねらい・目標をどのようにつくるか

（1）授業のねらいと目標の設定をどのように考えるか

　実践しようとする1時間の授業だけの検討では，授業をつくることはできません。子どもの発達段階，生活体験や既有知識等のレディネス，教科等の背後

第4章 保育者・教師は活動・授業をどのようにつくるか

にある学問の内容や系統性とのすり合わせを踏まえて，単元等の学習を通して子どもに何を指導するかという「授業のねらい」，その結果として子どもに何を獲得させるかという「授業の目標」を的確に設定することが不可欠です。ここでは，授業のねらい，目標をどのように設定するのかということについて説明します。

　この授業のねらい，目標を設定するための根本資料となるものが各教科・領域等の「学習指導要領」であり，その内容を詳述した「学習指導要領解説」です。学習指導要領の法的性格については，学校教育法第52条（教育課程の基準）に「小学校の教育課程については，この節に定めるものの他，教育課程の基準として文部科学大臣が別に公示する小学校学習指導要領によるものとする。」と規定されています。わが国の公教育は，教育課程編成上の全国的な基準として告示されているこの学習指導要領に則って教育を行うことになります。なお，教育課程とは「各教科・道徳・総合的な学習の時間及び特別活動」で編成され，教育の全体計画を意味します。

　授業づくりは，この学習指導要領の理解を深めることから始まります。2008年8月発行の小学校学習指導要領解説理科編では，「第1章　総説」「第2章　理科の目標及び内容」「第3章　各学年の目標及び内容」「第4章　指導計画の作成と内容の取扱い」から成り，第2章は「第1節　理科の目標」「第2節　理科の内容区分」「第3節　学年目標と学年内容の構成の考え方」，第3章は「第1節　第3学年」「第2節　第4学年」「第3節　第5学年」「第4節　第6学年」から構成されています。章，節を追うごとに，具体的かつ詳細な説明がなされていきます。この小学校学習指導要領解説理科編にしたがい，小学校第6学年の理科授業《「水溶液の性質」のある1時間の授業》の位置づけを図示すると，次の図4.2.1のようになります。

　この一番下に位置づけられた《「水溶液の性質」のある1時間の授業》から上に見ていくならば，すべての理科授業は「理科の目標」を目指して位置づけられていることがわかります。学習指導要領をもとにしてこのような作業を行い，授業のねらい，目標を的確に把握することが重要です。その上で，子ども

4-2 授業をつくる

理科の目標	・自然に親しみ，見通しをもって観察，実験などを行い，問題解決の能力と自然を愛する心情を育てるとともに，自然の事物・現象についての実感を伴った理解を図り，科学的な見方や考え方を養う。
第6学年の目標	・燃焼，水溶液，てこ及び電気による現象についての要因や規則性を推論しながら調べ，見いだした問題を計画的に追究したりものづくりをしたりする活動を通して，物の性質や規則性についての見方や考え方を養う。
授業の目標	・いろいろな水溶液を使い，その性質や金属を変化させる様子を調べ，水溶液の性質や働きについての考えをもつことができるようにする。
授業のねらい	・ア 水溶液には，酸性，アルカリ性及び中性のものがあること。 ・イ 水溶液には，気体が溶けているものがあること。 ・ウ 水溶液には，金属を変化させるものがあること。
ある1時間の授業	・上記ア，イ，ウのいずれか，もしくは複数の内容を含む授業。

図4.2.1 小学校第6学年の理科授業「水溶液の性質」のある1時間の授業の位置づけ

の実態や用いる教材，教科書の指導書やその他の資料等も勘案して，授業を実施する学級にもっとも適した授業のねらい，目標を設定することになります。

（2）単元の指導計画をどのように考えるか

「単元の指導計画」の検討では，以下のポイントに留意します。

一つ目のポイントは「年間指導計画を踏まえる」ことです。各学校，各教師は年度当初に各教科・領域等の年間指導計画を立てます。年間指導計画では，「これまでに子どもがどのような学習を行い，何を習得してきたか」「この後，どのような学習に発展していくのか」といったことがわかります。この情報を生かして，単元指導計画を検討します。

2つ目のポイントは「教科書の単元指導計画の内容や意図を十分に理解する」ことです。教科書は，その執筆者の指導意図により単元指導計画が立てられています。この教科書の指導意図を的確に把握することが重要です。教科書の単元指導計画を基本としつつ，そこに授業者の指導意図を反映させることです。

3つ目のポイントは「子どもの実態を踏まえて単元指導計画を検討する」ことです。指導計画は教師が指導のために立案するものですが，子どもにとっては学習計画でもあります。子どもの興味や関心，知識や理解の状況を受けて，単元指導計画を検討することが大切です。子どもの興味や関心が低ければ，それを高める授業場面を設定する必要があり，知識が不足しているようであれば，それを補う授業を行う必要があります。

4つ目のポイントは，「単元のどこに，どのような学習形態や学習方法を設定するのかを検討する」ことです。授業のねらいや目標を受けて，授業がより効果的なものとなるように，どの場面でどのような学習形態や学習方法を採るかを検討することになります。検討の拠りどころは，設定した授業のねらいと目標，子どもの実態，そして教科書です。学習形態としては，学習集団の大きさや学習ペースに着目すると，一斉授業やグループ学習，個別学習などがあります。学習方法としては，課題学習，課題選択学習，調べ学習，研究発表等，多種多様なものが考えられます。これらの学習形態や学習方法をどのように組み合わせ，設定するかを考えることになります。ここでも，教科書が採る学習形態や学習方法がどのような考えで，そこに設定されているのかの理解が重要です。無意味に設定されてはいません。教科書の指導意図の把握の上に，自身の指導の考えを反映させることが大切です。

以上のポイントを総合的に検討しながら，単元指導計画を立てていくことになります。

（3）1時間の授業をどのように設計するか

前項で単元指導計画立案の考え方を述べましたが，本項で述べる1時間の授業設計は，実際には単元指導計画を設計しながら，並行して検討を進めることになります。ここでは，1時間の授業設計に焦点を絞って，その具体的なポイントを述べます。

ポイントの一つ目は，「教科書の授業設計を理解する」ことです。先ほども述べたように，教科書はその執筆者の教材解釈，授業設計などが反映されたも

のです。まずは，使用する教科書の単元設計，1時間1時間の授業設計をしっかりと把握することが第一歩となります。可能であれば，使用する教科書以外の他社の教科書と比較・検討すると，使用する教科書の特徴や指導意図等が明確になり，指導に当たっての有益な示唆を得ることができます。理科を例に挙げるならば，同じ教材，同様の観察・実験であっても，それに至る授業展開，単元での位置づけによって，教材のもつ意味や観察・実験のねらいは異なってきます。教科書の流れにおけるそれぞれの学習のもつ意味や各教材のねらいを，教科書を読み返しながら，深く読み取っていくことが大切です。「教科書が意図するとおりに授業ができる」ことは，教師の指導力の基本です。

　2つ目のポイントは，「教科書の授業設計を理解した上で，自身の授業設計を考える」ことです。ポイントの一つ目で「教科書の授業設計を理解する」ことの大切さについて述べましたが，教科書のとおりに教えなければならないということはありません。ベテランの教師ほど，長年の経験や子どもの実態によって，教科書の展開や教材・教具を柔軟に変えて指導しています。若手の教師においても，自身のこれまでの学びの体験や子どもの実態，教材研究などを踏まえて，自分が展開してみたいと考える授業を設計することが大切です。その過程で，自身の教材解釈力や授業設計力が育成されるのです。しかし，その際に忘れてはならないことは，あくまでも前述した「授業のねらい・目標」をしっかりと踏まえて，そのよりよい達成を目指して授業を設計するということです。それらを横に置いての授業設計はあり得ませんし，ましてや教師のたんなる思いつきや好みで授業するなどは論外です。

　3つ目のポイントは，「本時の授業の主眼（本時の目標）を十分に検討する」ことです。授業の成否は，この主眼を達成できたかどうかです。授業によっては，子どもの気付きや発言などにより，それまでに予定していた授業展開を大幅に変更した方がよいこともあります。主眼のよりよい達成を目指しての変更であれば，それはまったく問題ありません。しかし，主眼は変更できません。主眼は"授業の目標"なのです。

　以上のポイントに留意しながら授業を設計します。このとき併せて「評価」

についても検討します。評価については，後で説明しますが，評価により授業設計は確かなものになり，授業そのものが充実し，授業改善の示唆を得ることができます。

（4）教材研究をどのように進めるか

　授業を行うために，事前に教師が行う教材等の研究全体を「教材研究」といいます。これまでに述べてきた授業のねらい，目標，単元指導計画，授業設計といった検討も教材研究です。国語や音楽の教材研究では教材解釈に重点が置かれる傾向があり，生活や理科の教材研究では教材づくりといったことも含まれます。このように教材研究はその範囲が広く，また，教科によっても大きく異なり明確に定めることはできませんが，「教材研究の成果は学習指導案にまとめられる」と言われるようにきわめて大切なものです。次に，一例として，理科における「観察・実験」の教材研究の内容について紹介します。

　①観察・実験で使用する器具，材料を吟味し，その使用方法，手順について改善・工夫する余地はないか検討する。とくに，子どもが無理なく理解し，操作できるかを検討し，また，そのための指導を検討する。

　②教科書に示されたものに代わる，授業する子どもにとって身近な素材はないか，校地内に適切な観察場所はないか，子どもが目にする地域内に格好の教材はないか，検討する。

　③子どもが観察・実験に要する時間を検討する。

　④材料や操作方法の安全性に問題はないか検討する。安全に取り組ませるために，子どもに気を付けさせたいことはないか検討する。

　⑤観察・実験で子どもに気付かせたい事象，見せたい事象などについて，その内容と指導方法について検討する。

　⑥どのようにして観察・実験を子どもに提示し，学習課題の発見，課題解決へと発展させていくかを検討する。

　⑦予備実験を行い，安全面，指導面から観察・実験の取り組ませ方，学習内容等を検討する。

以上，理科の「観察・実験」に絞って教材研究の内容を述べましたが，要は，授業を行うための一切の準備，検討が教材研究であり，この教材研究の充実なくしては，よい授業は為し得ません。ベテランの教師ほど，授業中の教師の発言が少なく，子どもの発言が多い傾向があります。子どもの発言をつないで授業を展開することにより，子ども一人一人を生かすことができるのです。これも，広く深い長年の教材研究の成果です。

（5）指導と評価の一体化とは何か

「子どもにとってよい授業を実現したい。」これは教師なら誰もが願うことです。では，どうすればよい授業をつくることができるのでしょうか。この問いに対する回答の一つが「指導と評価の一体化」です。「評価」は教師が設定した授業の目標を子どもがどの程度達成できたかどうか，学習の状況を把握するために行うものです。よって，評価は，子どもにとっては学習の改善のための情報が得られるものであり，教師にとっては指導の改善のための情報が得られるものです。「指導と評価の一体化」とは，"評価により指導を改善すること"を指しています。指導と評価は表裏一体で，分けては考えられないものです。「指導あるところに，評価あり」です。現行の学習指導要領では，観点別学習状況の評価を基本に据えています。小学校理科では表4.2.1に示すように4つの観点およびその趣旨が示されています。

指導と評価の一体化の手順は，おおよそ次のようになります。なお，ここでいう評価規準とは「すべての子どもが到達することを期待する達成目標（criterion）」をいい，評価基準とは「子ども一人一人がどこまで達成したのかの指標（standard）」をいいます。

①単元の指導目標を設定する。
②単元の評価規準を4観点ごとに作成する。
③単元の指導計画に合わせて4観点から成る評価計画を作成する。
④評価規準を踏まえ，評価基準（B：おおむね満足できる。をもとにA：十分に満足できる。C：努力を要する。）を作成する。

表4.2.1 小学校理科における観点別学習状況の観点とその趣旨

観　点	趣　旨
自然事象への関心・意欲・態度	自然に親しみ，意欲をもって自然の事物・現象を調べる活動を行い，自然を愛するとともに生活に生かそうとする。
科学的な思考・表現	自然の事物・現象から問題を見いだし，見通しをもって事象を比較したり，関係付けたり，条件に着目したり，推論したりして調べることによって得られた結果を考察し表現して，問題を解決している。
観察・実験の技能	自然の事物・現象を観察し，実験を計画的に実施し，器具や機器などを目的に応じて工夫して扱うとともに，それらの過程や結果を的確に記録している。
自然事象についての知識・理解	自然の事物・現象の性質や規則性，相互の関係などについて実感を伴って理解している。

（出所）　文部科学省初等中等教育局長「小学校，中学校，高等学校及び特別支援学校等における児童生徒の学習評価及び指導要録の改善等について（通知）」2010年5月。

⑤授業中，授業後に評価を行う。

⑥評価結果により指導を改善し，次の指導場面，あるいは次時以降の指導に生かす。

次に，評価の方法について，一例として理科の授業で比較的よく用いられている方法を紹介します。

①行動観察：子どもの行動を観察し，評価する。

②発言・発表：子どもの発言や発表内容から評価する。

③ノート：ノートに書かれた内容から評価する。

④アンケート：アンケート調査により評価する。

⑤ペーパーテスト：問題紙に解答させ，その結果から評価する。

⑥パフォーマンステスト：実際に器具の扱い方や観察・実験を行わせて評価する。

⑦自己評価：評定尺度法などにより子ども自身が学習状況などを評価する。

⑧相互評価：子ども相互で評価する。発表形式などの学習では用いやすい。

2　学習指導案はどのように作成されるか

　教材研究の成果が反映され，授業者の指導意図が示された授業を行う際の計画を「学習指導案」といい，「指導案」，「授業案」と呼ばれることもあります。通常，単元全体にわたる教材観や評価規準，単元指導計画などを記載した計画を「学習指導案」あるいは「細案」とよび，1単位時間の授業の展開のみを記述したものを「指導略案」あるいは「略案」と呼びます。ただ，これらの呼び方にはいろいろなものがあります。なお，学習指導案の形式は，授業者の考え，指導内容，指導方法などにより多様なものがあり，この形式でなければいけないといったものはありません。ここでは，一例として理科学習指導案の形式例（図4.2.2）をもとに，その中の各項目が具備すべき内容，留意点等について説明します。

　Ⓐ授業を行う学年・組を示します。また，教科等の名称を書きます。

　Ⓑ単元名を書きます。本時の題目ではありません。

　Ⓒ単元全体にわたる指導観（指導に当たっての授業者の考え，指導意図，工夫した点など）を述べます。指導観は通常，教材観，児童観，指導観の3部構成，もしくは教材観の前に社会観を述べることもあります。

　社会観では，その単元の学習を社会との結びつきから述べます。

　教材観では，教材の価値，ねらいを述べます。教材観の中に社会観の内容を記述することもあります。教材観を考えるに当たっては，学習指導要領解説が基本資料となります。

　児童観では，児童の興味・関心の傾向，児童の既習事項や習得状況といったレディネス，児童や学級集団の特徴，次に述べる指導観の必然性や必要性につながる児童の実態や指導への思いなどを述べます。この児童観を考えるための情報収集としては，年間指導計画の分析，学習指導要領解説や教科書とその指導書の分析，授業教科に関する児童の学習状況の観察や他学級との比較，児童へのアンケート調査といった方法があります。

第4章　保育者・教師は活動・授業をどのようにつくるか

第6学年1組　理科学習指導案Ⓐ
授業者　　○○　○○

1．単元名Ⓑ
　　○○○○○………

2．指導観Ⓒ
　(1)教材観
　　　○○○○○………
　(2)児童観
　　　○○○○○………
　(3)指導観
　　　○○○○○………

3．単元の目標Ⓓ
　(1)○○○○○………
　(2)○○○○○………
　(3)○○○○○………

4．評価規準Ⓔ

ア	自然事象への関心・意欲・態度	①○○○○○……… ②○○○○○………
イ	科学的な思考・表現	①○○○○○……… ②○○○○○………
ウ	観察・実験の技能	①○○○○○……… ②○○○○○………
エ	自然事象についての知識・理解	①○○○○○……… ②○○○○○………

5．単元指導計画（全7時間）Ⓕ

段階	配時	学習活動	具体的な支援・指導
つかむ	①	1，○○○○○………	1，○○○○○………
応用	②〜③	2，○○○○○………	2，○○○○○………
まとめ	⑥〜⑦	9，○○○○○………	9，○○○○○………

6．本時案
　(1)題目
　(2)主眼Ⓖ
　(3)準備
　(4)展開Ⓗ

段階（配時）	学習活動	具体的な支援・指導	評価
導入 (5)	1，○○○○○………	1，○○○○○………	
展開 (30)	2，○○○○○………	2，○○○○○………	ア①
まとめ (10)	6，○○○○○………	6，○○○○○………	エ②

7．資料Ⓘ

図4.2.2　理科の学習指導案の形式例

（注）　形式例中のⒶ以下は説明のために付した記号。本文中にある説明に対応。

指導観では，教材観，児童観を受けて，どのような指導を行うか，指導の工夫点などを述べます。指導観を考えるに当たっては，教科書およびその指導書を読み込み，まずは，教科書の指導意図を十分に理解することが基本となります。

形式例では「(1)教材観」と項目名を立てていますが，「○……」といったように項目の始まりの「○」を示すだけで教材観といった項目名を記述しない場合もあります。これは，授業参観者が内容を読めば教材観のことを記述しているとわかるからです。なお，項目の順序は教材観→児童観→指導観，または児童観→教材観→指導観が一般的です。

また，「教材観」を「単元について」，「児童観」を「児童の実態」，「指導観」を「指導の立場」，などと表した指導案もあります。この項目名でなければならないといったものはありません。要は，単元に対する考え，児童の実態，それを受けての指導の考えや指導意図が述べられていればよいです。

Ⓓここでは単元全体の目標を記述します。

Ⓔ単元の評価規準を観点ごとにまとめます。ここでは表中に「ア，イ，ウ，エ」および「①，②，……」の符記号を付けています。これは「6．本時案」中の「評価」の欄の記述内容に対応しています。このようにすることで本時案の記述が簡便になり，本時の評価が単元の評価規準のいずれに対応しているかが読み取りやすくなります。

Ⓕ単元全体の指導の流れがわかるように指導計画を記述します。「学習活動」は児童の立場（顕微鏡を操作する。など）で，「具体的な支援・指導」は教師の立場（顕微鏡を正しく操作させる。など）で書きます。右端にもう一つ列を設け，「評価計画」を記述することもあります。その際，「4．評価規準」を受けて，そこでの記号／番号（ア②など）を書くと簡便です。

Ⓖ「主眼」は「ねらい」，「めあて」と記述することもあります。この主眼は「行動目標」で記述するのも一方法です。行動目標とは，目標を「行為動詞」（説明できる，発表することができる，観察できる，顕微鏡を正しく操作できる，など）で書き表したもので，授業の目標達成を子どもの行動から客観的に判断

したり，測定したりしようとするものです。行動目標で書き表すと，目で見える行動から評価することができます。ちなみに「理解することができる。」は行動目標ではありません。理解しているかどうかは行動として読み取ることができないからです。

　⑪「段階」の中の「配時」を考えるに当たっては，「指導のために要する時間」からだけで考えるのではなく，「児童が学習するために要する時間」「児童にかけさせたい時間」という視点からも考えることが大切です。「学習活動」は児童の立場で，「具体的な支援・指導」は教師の立場で記述します。「評価」の記号／番号は「4．評価規準」を受けて記述しています。また，児童に提示する学習課題，主要な発問などは□囲みして示すと重要なところがわかりやすくなります。学習活動の欄には発問等に対して予想される子どもの発表や発言，活動などを記述すると「具体的な支援・指導」を考える上でとても参考になります。「展開」には必要に応じて図や表などを書き入れてもかまいません。要は，授業参観者にとってわかりやすい記述にすることです。

　⑫ワークシートや児童に提示する資料などがあれば，最後に添付します。

　以上が，学習指導案の形式と具備すべき内容を説明したものですが，実際に授業を行うためには，事前に，「板書計画」を考えておくことも必要です。板書計画を考える際のポイントは，次の3点です。1点目は「構造的な板書にする」ということです。学習のめあてや学習内容，学習過程，重要ポイントが明瞭にわかる構造化された板書を考えることが大切です。また，"授業の過程を振り返ることができる板書"は，子どもが復習する際に役立ちます。

　2点目は「板書内容を精選する」ことです。このことで，本当に大切なものは何かを検討することができます。また，子どもが板書をノートする負担を軽減することができます。150～180字程度を目安として，板書の文字数を数えてみることも一つの方法です。

　3点目は「カードを活用する」ことです。学習のめあてや器具の図などをあらかじめカードに書いておき，黒板に磁石で貼るという方法です。重要な点が

わかりやすくなったり，メリハリのある板書になったりします。ただし，子どもが書き写す時間を考慮する必要があります。

3　実践をどのように評価するか

　授業は，教材研究を行い，授業を設計し，実践して，それで完結するものではありません。授業は「指導と評価の一体化」のところでもふれたように，評価により実践した授業の問題点を明らかにし，そこから改善点を検討し，次の指導に生かしてはじめて完結するものです。この考え方をPDS（Plan 計画，Do 実施，See 評価の頭文字）と呼びます。このPDSを繰り返していくことで授業者の授業力，指導力は高まっていき，よりよい授業が実現できるようになります。このSeeにあたる実践の評価は，「授業を行った教師側への評価」と，「授業を受けた子ども側への評価」の両面から考えることができます。ここでは，この2点から実践をどのように評価したらよいかを考えていきます。

（1）授業を行った教師側への評価
　この評価は"学習指導案"と"実際の授業場面"から評価することができます。このとき，授業者自身の自己評価も有効ではありますが，授業参観者の評価からは授業者が気づかない問題点や改善点が明らかになります。授業評価の観点は「学習指導案の各項目」と「主要な授業場面」になります。次の表4.2.2は筆者が考案した「授業評価表」です。表の左側は学習指導案の各項目，右側は主要な授業場面から項立てしています。このように，共通の視点で授業者と参観者が授業研究を行うことにより，授業研究は深まり，授業者にとっても参観者にとっても有益な情報を得ることができます。

（2）授業を受けた子ども側への評価
　授業は子どもの変容，成長を目指したものです。では実際，授業によって子どもはどのように変わっていくのでしょうか。この考え方にもとづく2つの評

表4.2.2 授業評価表

カテゴリー		観点	気付き	改善案	カテゴリー	観点	気付き	改善案
学習指導案の各項目	指導観	教材観			導入場面			
		児童観						
		指導観						
	単元の目標				展開場面			
	評価規準				主要な授業場面 まとめ場面			
	単元指導計画	学習活動			発問			
		具体的な支援・指導						
	本時案	主眼			児童の状況			
		準備						
		学習活動			板書			
		具体的な支援・指導						
		評価						

価方法を紹介します。一つは，「形成的評価」です。これは，単元の指導を展開していく過程で，適宜，学習状況・学習成果を確認し，教育目標の達成状況を細かく見ていき，その結果を教師と学習者に返し，よりよく目標を達成しようとするものです。方法としては単元の節目や授業ごとに行う小テストがあります。前記の考え方にもとづけば，授業中の観察，子どもの発言や発表，机間指導なども形成的評価の一方法と考えられます。評価の結果を次の指導に活かすとともに，子どもにフィードバックして，子ども自身が学習活動の充実を図るよう指導することが大切です。

　もう一つは教材研究の過程で設定した「評価規準」とそれにもとづく「評価基準」です。前述のように，評価規準は教育目標を具体化した目標や行動で表

したもの，評価基準はその評価規準をどの程度実現しているかをA，B，Cの3段階で表したもので，学校教育で行われている目標準拠評価（いわゆる絶対評価。達成度評価，到達度評価ともいう）です。学校では，学期末に通信簿（通知表）により，子どもがどの程度評価規準に迫ったかをA，B，Cの評価基準で保護者に知らせていますが，この評価情報は，指導した教師にも有効なものです。すなわち，C評価が多い評価規準は，指導を改善する余地があるということです。このように評価を活用して，授業実践を振り返り，指導を改善することができます。

 〈もっと詳しく知りたい人のための文献紹介〉

山口榮一『授業のデザイン』玉川大学出版部，2005年。
　⇨授業をどのように計画するかということに関し，教育活動をデザインする技術の必要性を指摘し，そのための授業目的を重視するシステム的な発想の大切さを多角的に述べています。

高垣マユミ（編著）『授業デザインの最前線』北大路書房，2005年。
　⇨本書の執筆者はいずれも教育心理学と教科教育学の研究領域において，教育現場に入って授業研究を行っており，すべての章が「授業の理論編と実践編」から構成されている点に特色があります。

〈文　献〉

平山静男「学習指導要領と教科書」「子どもにどのような力を保障するか」木山徹哉・太田光洋（編著）『教育原論』ミネルヴァ書房，2016年，pp. 165-185。

九州女子大学「小学校教員をめざして」編集委員会『小学校教員をめざして――教育実習の基礎基本』ぎょうせい，2008年，pp. 68-78。

文部科学省『小学校学習指導要領解説理科編』大日本図書，2008年。

第5章
保育者・教師の表現力（パフォーマンス）

　子どもを取り巻く人的環境として，保育者や教師には自らの身体を用いた表現（言語的，非言語的，および言語に随伴するもの）の豊かさがとりわけ重要であると考えます。子どもとの応答的な関係を支える表現，また子どもへのプレゼンテーションを多様にかつ明瞭にする表現，保育者や教師が自らの身体を意識し，それが重要な人的環境として作用すること，本章では，このような意味で保育者や教師の表現力に焦点を当てます。

【キーワード】

演劇的観点　パフォーマンス学　意図的発信　呼応的なコミュニケーション　ボディ・ランゲージ　パラ・ランゲージ　無意図的発信　竹内敏晴　仮面

第5章　保育者・教師の表現力（パフォーマンス）

1　演劇的観点からみる保育者・教師の表現力

　子どもを取り巻く人的環境として保育者や教師には，自らの身体や言葉を用いた表現の豊かさがとくに求められます。つまり，保育者や教師の表現力は，子どもとの応答的な関係を支えるコミュニケーションに関する資質・能力であり，子どもへのプレゼンテーションを多様にかつ明瞭にする伝達力であるとも言えます。

　本章では，それらを表現分野の一つである演劇を意識して考えてみようと思います。その理由は，まるで舞台上にいる俳優のように，保育者や教師が学習の場に存在しているだけで，子どもに多大な影響を及ぼすという共通点があるということ。もう一つは，台本という形であらかじめ計画された状況の再現行為であれ，アドリブも交えた形で行う即興演技であれ，保育者や教師が子どもと呼応的に表現し合い，コミュニケーションを成立させる過程が，演劇の構造と類似していると考えられるためです。すなわち，保育者や教師の表現力を考える際に演劇的な知見を生かすことで，有益な意味が見出せる可能性があるのです。

　前者に関して少し説明しましょう。たとえ，子どものそばで保育者や教師が言葉を何も発しなかったとしても，子どもはその視線の先を探ったり，今何を考えているのか，今日は機嫌がいいのかなど，その一挙手一投足に注目するはずです。それは一人の俳優が舞台上で座り，たたずんでいる様子を観るだけで，観客は彼が今何を考えているのか，誰を待っているのかなど，勝手に想像したり，これから彼の身に何が起こるのかを思い巡らせてしまうのと似たような状況と言えるでしょう。

　後者の視点で保育者や教師の表現力をとらえてみましょう。すると，指導案は，演劇における台本のように，子どもがどう反応するかという予想も含め，何をどのタイミングで伝えるかということが書かれているものととらえられるでしょう。台本にはト書きとしての場面状況と，演じる人物の言動が記されて

いますが，それ以外は記されてはいません。つまり，誰が泣いたり，笑ったり，何を言ったりするかということはそこに記されているのですが，どういう気持ちで泣いているのか，笑っているのか，なぜそのようなことを言ったのかというようなことは記されていないのです。そのため，各自で記されていない情報を，想像して補って自分なりに解釈を加えた上で，演技をしなければならないのです。このように台本（テキスト）に記されているその人物の言動を選択させた内的動機や外的要因のことを演劇ではサブテキストと言います。つまり，"何を言うか，どう動くか" という基本情報よりも，"どう言うか" というサブテキストに関する方が，演劇的に考えれば工夫の甲斐がある要素だと言えます。保育者や教師の表現力を考える際に，表現としてオモテに現れている目に見える・聞こえる部分だけでなく，目には見えない・聞こえないサブテキストとしての内なる部分に対しても意識を向ければ表現に違った意味を見いだせるでしょう。もちろん，子どもへのプレゼンテーションをうまくやるコツやテクニックはあります。それについては後でふれますが，オモテだけでなく，表現のウチの部分を意識することで，結果的に子どもの心に響く表現や保育・授業につながると考えられます。

　演劇は一般的には特殊な部類に入るものでしょう。ただ，日常生活の中で我々は何らかの役割を演じているという見方をすることもできます。私は，教師であり，父親であり，夫であり，息子でもあります。もう少し言えば，お腹が空いている成人男性の場合もあり，道に迷って途方に暮れている旅行者の場合もあります。日常的に演劇性は存在し我々は知らず知らずに演じているといえなくもありません。そのように考えれば，保育者や教師も社会的な専門職を演じていると考えられます。

　本章では，保育者や教師が自らの表現の基盤となる言葉や身体を意識し，人的環境として作用することを中心に，演劇的な視点に立って，教師の表現力について考えます。

2　表現における意味伝達と感情伝達の共存

　表現とは何らかの行為の結果です。目に見えるもの，聞こえるものであり，オモテの世界に現れ出でたものです。岡田は，表現にオモテがあるならば，対応するウチ（気持ちやメッセージ，意思や意図，伝達情報）の要素が必ず隠れているはずであり，表現をとらえる場合にはオモテだけでなく，むしろウチの充実を図ることの意義を強調しました（岡田，1988）。つまり，表現力を高めるためには，言動の源となる気持ちや心，感覚・感情そしてイメージなどの感性に関する部分を研ぎ澄ますことが重要な課題となるのです。もちろん，保育者や教師の役割として子どもに対して情報の伝達を確実に行わなければならないという前提もありますが，情報をしっかりと伝えられたかどうかよりも，保育者や教師としての我々の中にあるウチに目を向けることの方が重要ではないでしょうか。言うまでもないことですが，それは子どもの健全な成長・発達を願う気持ちや，今までできなかったことができるようになる喜びを子どもに感じさせたいと思う願望のようなものです。

　次の課題として挙げるべきは，表現のオモテの部分とウチの部分が一致していることです。つまり，オモテとしての言動と，そのウチなる気持ちや動機が符合した状態になっているということです。これを逆説的に説明すれば，一致していない分離した表現として，社交辞令を挙げることができます。それは場の状況に対応することを最優先に考えるため，自分のウチとは関係無く，たとえ一致していなくても場に適するであろう表現を選択するというものです。これは演劇的な観点で言えば，言葉と身体と心の結びつきが失われている状態であり，身体から言葉や心が分離している状態なのです。そうなると表現は上滑りしたようなものになり，たとえば「ありがとう」や「おいしい」という好意的な言葉を発したときに，情報として聞き手には伝わりますが，聞き手の心には何も響かず印象に残らないものとなるでしょう。"イキイキとした表現"や"生きた言葉"などと言われることも多いですが，いきいきとした新鮮な感情

と，正確あるいは的確な意味とがマッチすることで，意味伝達と感情伝達が共存した生きた表現になると思います。保育者や教師の心が動くことによって言葉が生まれ，そして，行動としてオモテに現れることは表現の基本と言えるでしょう（太宰，2009）。

　もう少し言いますと，教科学習における説明の際や保育における読み聞かせの際には，なぜ子どもにそれを伝達的に表現しなければならないかを自分なりに整理した上で実行する必要があるということです。すなわち，自分で実際に直接的に見聞きした内容，自身が心から面白いと感じている内容だから，それを子どもにも伝えたいと思うのであり，自らの興味，関心が実感としてともなうことによって伝わりやすくもなるのです。もちろん，表現には技術的な課題があり，ないがしろにしていいとは思いません。ただ，実感をもたずに伝えることは，難しいことであり，実感があるのに伝えられないのであれば，そこではじめて，工夫をしたり技術を得ようと思うようになるはずです。技術の習得は向上心が芽生えてからでも遅くありません。はじめから技術ありきではなく，まずは，自身で子どもに伝える内容をしっかりとかみ砕いて，自分の言葉で，等身大の表現をすることを目標に始めてほしいものです。

3　非言語表現

（1）パフォーマンス学とは

　前節で表現の前提にあるものとして，ウチをオモテにすることを説明しました。その前提にもう一つ付け加えるならば，表現には必ず対象としての相手が必要になるということです。対象が無い表現というのは基本的には存在しません。自己表現や一人芝居には対象が無いと思うかもしれませんが，自分自身が対象であったり，複数の人物を一人で兼ねて対象を生み出しているのです。また，特定の個人ではなくて不特定多数の人や社会全体に向けた表現というのもあります。その場合，対象は明確ではありませんが，全体に対する表現として考えられます。誰に対して表現しているのかという要素は表現力をとらえる上

第5章 保育者・教師の表現力（パフォーマンス）

でとても重要なことです。

　もっと言えば，ウチをオモテにする際に対象としての他者という存在は無視できないのです。自分のウチなる気持ちを思うがままに表現したくても，相手への配慮や思いやり，気配りも合わせもって考えなければならないため一筋縄ではいかないのです。また，別の角度から言えば，自分のウチにあるものをどこまで相手に開示するかという加減を判断する自己呈示の課題も出てきます（高山，2013）。他人によく思われたい，よりよく見られたい，嫌われたくないというのは我々にとっての共通の欲求でしょう。他人にどう思われようが構わない，自分自身を貫きたいという姿勢を固持することはとても難しいものです。一方で，ありのままの自分を受け入れてもらいたい，本当の自分を知ってほしいとも思うかもしれません。自分のことを理解してもらいたいという気持ちもまた，自我を保つ上でも大事なことです。このように，自分のことを表現する際に意図的な要素を意識して工夫を考えていく学問分野としてパフォーマンス学があります。日本においては佐藤綾子が先駆的に研究を進め，それを土台に現在では広く研究が進んでいます。

　パフォーマンスと聞くと，多げさに誇張された恣意的な行為のように悪いイメージをもつ人もいるかもしれません。たしかに学問体系を構築していく論議の中で，演じる行為に対して粉飾や偽装という偏見的なとらえ方をする立場の人も少なからずいたようです。ただ，パフォーマンスは「日常生活における意図的な自己表現」であり「個の善性（goodness）の等身大の表現」というのが佐藤の提案した定義です（佐藤，1996）。つまり，ここでいうパフォーマンスとは，性善説に立って，我々が自分のよさを存分に表現して，しかも人から好感をもたれながらよい関係をつくるための手段と言えるでしょう。

　これらのパフォーマンス学の先行研究を参考に，保育者や教師の表現を考える上で，言葉とその周辺に付随する要素を使用するものを"意図的"とし，そこにいるだけで表現しているというような非言語的な要素を"無意図的"として分類し，表現について考えていきます。

（2）意図的発信
言語（バーバル）コミュニケーションと非言語（ノンバーバル）コミュニケーション

　主体的な表現者として誰かを対象に表現し，その人と呼応的なコミュニケーション関係を構築していく際に，意味伝達と感情伝達を両立させることで豊かな表現につながるということは説明しましたが，そのための具体的な手段として会話が重要な位置を占めているといっても大多数の人は疑問に感じないでしょう。我々は日常的に言葉を発して生活をしていますし，日常会話という概念もあります。逆に言葉無しでコミュニケーションを行うことは面倒でわずらわしいと感じるかもしれません。しかしながら，たとえば，病気で喉を痛めて声が出せないとき，皆さんだったらどうするでしょうか。言葉が出せないということや自分の痛い箇所をどう説明しようとするでしょうか。おそらく，身振り手振りや指さしで，痛いところを示すなどして，何とかして伝えようと努力するはずです。同様に，外国へ旅行に行ったときに，どうしても現地の人と不慣れな言葉でコミュニケーションをとらねばならなくなった際，皆さんはどうするでしょうか。たぶん，普段よりもオーバーアクションになり，言葉に頼らずに何とかしようと頑張るのではないでしょうか。諺に「目は口ほどにものを言う」というものがあります。自分の意思や要求を相手に伝達する手段は，言葉だけではありません。言葉とともに，身振り手振りや表情などの身体動作も合わせて重要な手段です。言葉とそれ以外の要素がかみ合い，有効に作用することで表現は立体的になり，より豊かになるのです。

　パフォーマンス学の見地に頼ってもう少し説明すれば，我々が日常的に行っている表現や呼応的なコミュニケーションは大きく分けて，言語（バーバル）コミュニケーションと，非言語（ノンバーバル）コミュニケーションに分かれます。実際の生活場面を調べて，どの場面でどのようなコミュニケーションが成立していたかを分析し，その構成を明らかにした先行研究があります。それによれば，コミュニケーションの成立場面の中で，言葉によるコミュニケーションと，ノンバーバル・コミュニケーションは，複雑に入り交じっていたとのことです。そして，その構成の比率を分析したところ，言語によるものは25～

30％程度で，むしろ非言語の方が圧倒的に多く70～75％も占めるとの結果が出たそうです（佐藤，1996）。つまり，コミュニケーションを成立させるためには，我々が思う以上に言葉以外の要素が重要になるということです。すなわち，言葉以上に言葉を発するその人自身の全身による表現が，コミュニケーションを成立させる際に大きな割合を占めていると言えるのです。保育者や教師の表現力を考えるにあたっても，この非言語の要素をどう意識し，駆使するかが一つの重要な課題となるでしょう。

ボディ・ランゲージとパラ・ランゲージ

　では，このコミュニケーションにおける非言語という要素は具体的にどのようなものを指すのでしょうか。ノンバーバル・コミュニケーションの構成要素は大きく分けて2つに分けることができます。一つはボディ・ランゲージ（body language）と呼ばれる身振り手振り，ジェスチャーなどの身体動作です。もう一つは，音声言語表現における"間"やテンポなどを指すパラ・ランゲージ（para language）と呼ばれている要素です。

　まず，ボディ・ランゲージに関して説明しますと，目を細めたり，眉毛を上げたり，口元をすぼめたりする顔の表情や，腕組みや足組み，身を乗り出したりする身体の姿勢を挙げたりすることができます。また，手招きや指鳴らしのような具体的な合図（サイン），それ以外にも，指を丸めてokサインのようにしてお金を表すような象徴的な意味を有するジェスチャーもその要素に含まれます。他にも，たとえば保育の中で子どもに絵本の読み聞かせをしているときに，無意識で身体が自然に動き出してしまうような言葉と連動した動作も含まれるでしょう。保育者は，言葉の世界よりも非言語表現の世界の中で生きている幼児期の子どもが表現の対象となるため，このような表現がとくに重要です。気をつけなければならないのは，あまりにも大げさ過ぎるジェスチャーや，上手ではないパントマイムのような動きをしてしまうと，最初は目新しくて受け入れられるかもしれませんが，次第にその特殊な動きにのみ子どもの興味が移ってしまい，保育者の表現を味わうという本題からズレてしまう恐れがあります。無理にボディ・ランゲージを多用するよりも，自分の思いや感情と，身体

の姿勢や動作が一致しているかを確認することの方が大事と言えるでしょう。

　もう一つのパラ・ランゲージとは，言葉に随伴する要素のことで，周辺言語と呼ばれています。我々が意識しているか，していないかはともかく，言葉を発する際には身体が動いたり顔の表情が変わったりしてしまいます。たとえば，自分の大好物を口にして「おいしい」とゆっくりとしたテンポでしみじみと言ったり，思わず語尾が高くうわずるような言い方になってしまうかもしれません。また，外を歩いているときに突然上から物が落ちてきたら，人目を気にしないで「うわあ」と大声で叫んでしまうでしょう。そうしようと思わなくても，自然と嬉しい表情になったり，無意識に驚愕の表情になってしまったりするのです。つまり，これらは心の中にあるウチがそのまま言葉になった瞬間です。好きなものを食べて怒りの表情をしたり，驚いたときに安らぎの表情を浮かべたりすることは難しいでしょう。むしろそれは特殊な演技訓練の類になってしまいます。すなわち，これらは我々が行う感情表現の原点と言え，身体と言葉，心と言葉は有機的に結びついていることを証明するものです（小林，1988）。「おいしい」という言葉の意味を知らない発達段階にある子どもの場合でも，音声言語としての「おいしい」という言葉から「おいしい」という意味をつかむのではなく，言葉の周辺にある非言語要素を感じ取り，「おいしい」の意味をつかむのです。つまり，我々はボディ・ランゲージとともに，言葉を発する際の高低などの音程，イントネーション・アクセント・息漏れなどの発音，声の調子など，言葉そのものだけではなく，その言葉を取り巻く瞬間的に現れるさまざまな周辺言語からその意味を補完的につかむのです。

　もう少しパラ・ランゲージに関して言えば，いわゆる話し方ととらえても差し支えないでしょう。声の大きさ，高低，話すスピードなど，言葉というよりもむしろ音声にかかわるものかもしれません。太宰（2009）は，音声言語表現にかかわるパラ・ランゲージの基本構成要素として以下の7つを挙げて説明しています。

　①強弱＝声・言葉の強さ，弱さ。
　②高低＝声の音程による，高い声，低い声による言葉の表現。

第5章 保育者・教師の表現力（パフォーマンス）

③明暗＝声のムードによる，明るい言葉，暗い言葉の表現。

④早遅＝言葉を早く，遅く言う表現。

⑤リズム＝言葉やフレーズのリズム感。

⑥テンポ＝言葉やフレーズのテンポ感。

⑦間＝無音による表現。

別の言い方をすれば，この7つの要素を用いながら，我々は日常的なコミュニケーションを行っているのです。つまり，我々がこれらを意識的に活用することができれば，子どもに対して話したり語ったりするときに，メリハリがある豊かな言語表現が可能になるとも考えられます。とくに物語を語る機会が日常的に多い保育者は，この構成要素を意識し自由自在に活用することができれば，より子どもを想像の世界に引き込むストーリー展開をすることができるでしょう。ただし，上記の要素は技巧的なテクニックとも言えるものです。あまりに意識しこだわりすぎると，口先だけの形骸的な表現になったり，ウチなるものが不在となり，聞き手の心に何も響かない本末転倒な表現になる恐れもあります。これらの要素は，自分の言語表現を確認する際の目安となる観点くらいにとらえるとよいかもしれません。とくに「④早遅」と「⑦間」は，自己確認する際の重要な視点と言えるでしょう。コミュニケーションの主体者としての我々は，自分はすでに知っていることを話すのですが，客体者である子どもたちは，まだ知らないこと，聞いたことがないことを瞬間的に受け止めなければなりません。脳が情報を処理する速度はまちまちですし，送信者と受信者では使う処理回路やエネルギーも異なるはずです。主体的な立場にいることが多い我々はこのあたりのことは十分に配慮して当たる必要があるでしょう。つまり，子どもに話をする際には，間を取ったり，ゆっくりと話したりすることを意識的に行う必要があるのです。

伝達する言葉の意味や内容はもちろん大事です。ただ，むしろそれを"どのように言ったか"の方が受け止める側が判断する際には大事な要素となるのです。

（3）無意図的発信

　主体的・意図的な表現やコミュニケーションを行う際に，言葉だけではなく，その周辺にある表情や身体動作にも注意を向ける必要があるという説明をしましたが，それにもう少し付け加えましょう。我々はまったく何もしていないとき，つまり誰に対しても表現やコミュニケーションをしていないときでも，ただ，その場に存在しているだけで表情や身体動作などの非言語の要素を通して周りに影響を与えてしまっています。

　演劇教育の分野で，この研究課題に取り組んだ先駆者は演出家の竹内敏晴でしょう。「からだはいつも呼びかけている。人は生活の中で，自分で気づかずに，さまざまなしぐさによって，自分のいる状況と自分の生きようと欲する方向のしるしを現している」とその重要性をふまえ，教師が自らの身体を意識し，その身体性を蘇らせる必要があることを指摘しています（竹内，2001）。つまり，我々が言葉を用いるか，用いないか，表現しようと思うか，思わないかにかかわらず，本人の身体が人的環境としてそこに存在している限り，ウチなる部分をオモテに現し続けているのであり，我々はそれをまず意識することが大事になるのです。

　ただ，これについてはわざわざ演劇的な視点で述べるまでもないかもしれません。これは幼児教育の分野では「表出」と定義づけられる無意図的表現のことですが，パフォーマンス学では「非言語表現」として6つの要素に分類し説明されています。佐藤（1996）は「パフォーマンスの構成要素」として以下を挙げています（図5.1）。

①表情・アイコンタクト・スマイル
②身体表現
③空間の使い方
④色彩
⑤モノによる自己表現
⑥タイム・タイミング

第5章 保育者・教師の表現力（パフォーマンス）

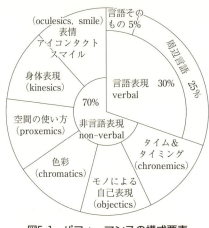

図5.1 パフォーマンスの構成要素
（出所） 佐藤（1996），p. 46。

表情・アイコンタクト・スマイル（oculesics, smile）

　目を中心とした顔の表情に関する要素を指します。アイコンタクトとは言うまでもなく，話し手と聞き手の目と目が合うことです。笑顔は親しみを伝え，相手の警戒心を和らげる意味があります。相手が笑っているから，自分も笑ってしまう。相手の表情がこわばっているから，自分もこわばってしまう。もしそうであるならば，意識的にこちら側がほほえむことで，お互いにリラックスして話ができるのかもしれません。

身体表現（kinesics）

　姿勢（ポスチャー）と動作（ジェスチャー）から成り立ちます。簡単に言えば，立っている状態や座っている状態のことです。たとえば，保育者や教師が本人にとって楽でだらっとした姿勢で子どもを叱ったとしても真剣味は失せ，子どもは大事なことを伝えられているとは思わないかもしれません。つまり，状況に応じて取るべき姿勢というものがあるのです。ただ，佐藤は基本として「自分の身体がしっかりとした姿勢」であることの重要性を強調しています。状況に合わせた姿勢を意識することよりも，まず，保育者として教師として地に足を付けてしっかりと立つということが人的環境としてのあり方を考えても出発点になるのでしょう。ジェスチャーの機能の中で，とくに対話を促進する「言語調整動作」として，うなずきやあいづちの重要性も強調されています。

空間の使い方（proxemics）

　自己表現をする際に周りの空間をどう意識するかという課題に関することです。対話における話し手と聞き手の距離によって親和的印象が異なることや，相手を見下ろすような位置でコミュニケーションするか，見上げる位置でそれ

をするか，部屋の中のどこに陣取るかなどの空間意識に関することです。佐藤はホール（Hall, T.）の研究を取り上げて，対人関係における「密接距離」「私的距離」「社会的距離」「公共距離」の4つの分類を紹介しています。コミュニケーションにおいて相手との距離が近いか離れているかを分析することで，その人に対する親しさや苦手さなどの印象が暗喩的に見て取れるということです。

色彩（chromatics）

　色彩学にもとづくもので，服装や部屋などを彩る色によって，相手は自分に対してどのような印象をもつかというようなテーマに関することです。佐藤の調査結果が例として紹介されています。それによれば，赤は活発・個性的・攻撃的，黄色は明るい・陽気・派手，オレンジは派手・はしゃぎすぎ・明るい，白は清潔・誠実・冷たい，黒は強い・重い・暗い，というイメージをもつとのことです。

　この色彩に関する要素は，とくに意識はせずともTPOに合わせた服装を考えれば自然にそのようなコーディネートになるかもしれませんが，たとえば，お話や語りを行う際に，保育者や教師が強烈な色彩・柄の衣服を着ていたとしたら，たぶん，子どもは集中して聞くことは難しいでしょう。そのようなときには少し落ち着いた色を選ぶ必要があると思います。ただ，日常的に地味な色彩の服を着ればよいというものでもないと思います。子どもが活発であった方がよいと思われる状況，落ち着いた中で取り組んだ方がよいと思われる状況など，それらはさまざまだからです。お話の内容を象徴するような服を着たり，関連するアクセサリーを身につけるというのも工夫の一つです。ただ，髪色も含めて服装は基本的には好みに類する問題のため，ここで強調しすぎるべきではないようにも思いますが，少なくとも，清潔感を感じる身なりを整えることは，子どもの人的モデルとして機能するためには大切でしょう。

モノによる自己表現（objectics）

　誰かとコミュニケーションをする上で身につけているメガネや，持っているバッグ・小物などの身の回りにあるモノも，相手に何らかの印象を与えてしまいます。つまり，相手が思っている，持ち主の"その人らしさ"のイメージは

第5章　保育者・教師の表現力（パフォーマンス）

モノとも直結しているのです。たとえば，穏やかでいつも明るい色の服を着ている若手の女性保育者の身につけているアクセサリーがごつごつした男性用の物だとしたら，それを見た人は不思議に思ったり，混乱したりするでしょう。その人だからこそ，こういうものを持っているはずだというイメージを自然と我々は抱いてしまいます。もちろん"らしさ"というものが確立されている状況が必ずしもよいというわけではありませんが，それがあることで安定した人間関係をつくることができるでしょう。

タイム・タイミング（chronemics）

　先に述べたアイコンタクトやあいづちをとる長さなど，自己表現にかかわる時間の使い方に関する要素と，もう一つは機会を逃さず，適したタイミングでそれを実行するという要素です。たとえば，会議の中で孤立している人がいたとして，「あなたのその意見は素晴らしいと思います。他の人が反対していても私は同意します」と表明したとします。おそらくその人は援護してくれたことに感謝し，好意的に思ってくれるでしょう。でも，それを最初に言ったか，二番目に言ったかで，その感謝の度合いは違ったものになると思います。また，アイコンタクトも長い時間すればよいというわけではありません。相手の目を見ることは，威嚇という意味合いもあることを忘れてはなりません。

　これらのような無意図的な非言語表現における表現力を高めることは，まず自分の存在が他に影響を与えるという事実を自覚するところから始まるでしょう。そして，他の人に自分がどう見えているか，その印象を尋ねたり，自分の保育や授業の様子を動画で撮影し自己確認をしたりして，自分の癖を知り，何をどう変えるかという自分なりの課題を意識的につくるとよいのではないでしょうか。言うまでもなく，無意識・無意図的な瞬間を無くすようにすることは，息が詰まって大変難しいことだと思いますが，だんだん慣れてくれば自然に他の人もよい印象をもつ"自分らしさ"が確立され，新しい"らしさ"が構築されるようになると思います。

4　保育者・教師における特有の表現力

　子どもに対して保育や授業の中で表現したり，子どもと呼応的なコミュニケーションをしたりする際には，表現におけるウチを意識しオモテと自然な形で一致させることや，言葉だけではなくその周辺にある非言語表現の要素が重要であることは説明をしましたが，最後に，それらの中から保育者や教師という職業に特有な要素を踏まえて，表現力についての締めくくりを行いたいと思います。

　一つ目の特色ですが，表現力と言っても，保育者や教師の場合は，たんに主体者としての本人の表現力を向上させればよいというわけではありません。我々の場合は，表現の対象として，子どもがつねに存在しています。つまり，子どもの表現力を向上させるための客体としての保育者や教師の表現のあり方という課題が付随することになるのです。客体者としての表現力つまり子どもの表現を指導する力とは，子どもの表現の受け止め方やその心構え，返し方，そして，保育ではとくに子どもの表現を引き出す環境整備なども切り離すことができない重要な課題です。

　2つ目ですが，日常的なコミュニケーションは基本的に一対一で行われますが，保育や授業の中では一対多数で行われることが多いです。このような形態に関することも職業における特色として挙げることができます。そのため，多数の子どもに一斉的に情報伝達ができるよう，それを円滑に行う知恵は保育技術・教育技術という形で蓄積されており，それらを学ぶことも大事です。技術的な部分を知ったからと言って，すぐに保育や教育がドラスティックに変容するとは思えませんが，技術やテクニックを知ることで乗り越えられる部分もあるでしょう。

　3つ目は，保育者や教師という"仮面"に関することです。演劇には小道具としての仮面があります。それは観客が状況を理解したり，想像したりするために補助的な役割を果たすものです。一方，演じ手の立場で考えれば，自分が

第5章　保育者・教師の表現力（パフォーマンス）

何の役を演じているかを意識したり，もっと言えば，現在演じている状況下にあることを明確にするためにも役に立ちます。仮にこの演劇の仮面を日常に置き換えてみましょう。そうすると，親，子ども，学生，会社員などの社会的立場や互いの関係性に応じて，目には見えないそれらの仮面を付け替えて，それらに影響を受けた言動を知らず知らずにとっていると考えることができます。そして，保育者や教師という職業も他と同じく仮面と言えます。ただし，他とは少し意味合いが異なるものでしょう。たとえば，教育基本法の第9条に「自己の崇高な使命を深く自覚し，絶えず研究と修養に励み，その職責の遂行に努めなければならない」とありますが，保育者や教師という仮面には，職業的責任や，大人としての理想的なロールモデルが付随してしまうのです。つまり，保育者や教師の表現力について考える際にも，その重みを切り離して考えるのは難しいのです。

（1）客体者としての表現力

　表現では対象としての他者という要素も見逃せません。表現は誰かに受け止められて，受け入れられてこそ，はじめて意味をもちます。保育者や教師の表現の対象は，基本的には目の前にいる子どもであるため，ブレることはあまりないと思いますが，別の視点に立つと，我々は子どもにとっての表現の対象にもなるのです。つまり，他者伝達のみを課題として考えればよいのではなく，子どもの表現を受け止める客体としての役割も保育者や教師の重要な責務であることを忘れてはなりません。

　表現に対する接し方として，創造的な観点から言えば，高圧的に何かを教えてやろうという態度や，逆に子どもに媚びるような態度をとったりすることはあまり望ましいとは言えません。子どもの表現に敬意を示し，ともに楽しめる姿勢であることが望ましいです。ただ，これは監督責任がある学校教育の場では難しい場面もあると思いますが，お互いの感性を刺激し合う対等な関係を構築することが子どもの表現を高める理想的な状況と言えます。

　幼児教育では一般的かもしれませんが，表現活動は遊びと同じく，自発性を

伴うべきであると考える人も多いです。このような立場に立つと、環境整備は無視できない重要な要素となります。それに関する原則論としては、まずは子どもが表現しやすいリラックスした雰囲気をつくることが優先的な課題となるでしょう。場が子どもにとって緊張がなく、あたたかく、失敗してもバカにされたり笑われたりしない、くつろげる、居心地のよい場所でなければ子どもは表現しようとは思いません。子どもたち同士がお互いにプレッシャーを掛け合うことなく、思いやりのある信頼関係が築けるような場所をつくりたいものです。

次に、子どもの表現の受け止め方に関してですが、子どものつぶやき・ささやきをしっかりと聞き取る力、そして、そのつぶやきに共感する姿勢が大切になるでしょう（太宰, 2009）。保育中や授業中に子どもがする何気ないつぶやき・ささやきは、子どもの中にあるさまざまなウチが現れている瞬間です。それらを聞き逃さず、さまざまな内的な変化を感じ取ることが保育者や教師の重要な表現力の一つといえましょう。

物理的な環境の設定は配慮が必要なことですし、とても大事なことですが、一番大事なのは人的環境としての保育者や教師のあり方でしょう。保育者や教師は、子どもの発達過程や表現特性を理解し、具体的な指導法を修得することを求められますが、表現は頭で考えるというよりも、心と身体で感じることがその根本にあります。その感性がみずみずしいものでなければ子どもの表現に携わることが難しくなってしまいます。我々自身も表現者としての自覚をつねに持ち続けたいものです。一斉保育や授業の形態を離れた中で、子どもたちの中に自然と入っていけることも、子どもに対する表現の基盤となる信頼関係を築くためにはとても大切な力と言えるかもしれません。

（2）表現における技術

ここでは保育者や教師が一斉的に大勢の子どもにお話をしたり、語ったりするための技術を太宰（2009）の論を参考にまとめます。何度も説明していますが、子どもとコミュニケーションをとるための手段として技術を磨くことは大

事ですが，技術至上主義に陥ると，「外面的技巧にばかり気を取られ，表現の本来の目的とは外れた無味乾燥・心ここにあらず・魂の通わない・人間味の希薄な表現」になってしまう恐れがあります。あくまでも目安程度にとらえてください。

　前節の空間の使い方のところで少し説明をしましたが，保育者や教師が表現しやすい位置に立ったり，子どもが集中できるような状況を意図的につくり出すことが大切です。小学校のように机がたくさんある教室では難しいかもしれませんが，「保育室ではコーナーを背に立つことで，保育者の死角となる場所に子どもが入らないようにすることができます。一人ひとりの顔が見えてアイコンタクトができる状態をつくることで，話がしやすくなります。」また，空間における光という要素も演劇的にとらえると重要です。カーテンなどで日光の光量を調節し，まぶしさを軽減させたり，落ち着いた雰囲気にさせたりすることも保育者や教師の工夫の範疇といえるでしょう。

　とくに，お話や語りを始める際には，少なくとも子どもを見渡すことができるゆとりをもちたいものです。我々自身も落ち着きますし，子どももその様子を見て安心し，緊張を解くことにつながります。そして，子どもの期待感を高めるためにも出だしは肝心ですが，だからといって「奇をてらったことを試みたり，気張ったり，必要以上の興奮したテンションで話す必要はありません。」基本的にはいつもの地声を自然に使って，緊張感を感じさせない方がよいでしょう。声まねや作り声をしたり，ゆっくりたっぷりと話すなどの方法は，子どもにも最初はうけるかもしれませんが，使いすぎると，たんにそのショーが楽しいだけとなり，表現のウチにあるものを味わったり，深く感じ取ったりするという本質的な楽しみを享受することは望めなくなります。

　保育者や教師が不明瞭な発音による発声を行うと，子どもは聞き取りにくい状況となり，不安感をもちます。発声時には意識的に口をしっかりと開くこと，動かすようにすることが大事です。呼吸はできるだけ深くたっぷりと吸い込む習慣をつけるとよいでしょう。深く息を吸い込むことで，発声時に音声をコントロールしやすくなります。「距離感が近い一対一の関係では，呼吸法や発声

法を意識せずとも会話は成立しますが，保育者や教師のように多数の聞き手をつねに対象とする場合には，空気伝導としての音声表現に対する意識とそれに立ち向かう意欲が必要です。そして，空間と人数に見合った音量で話すことも重要です。」無駄に大きな声で伝えようとしても，ただ聞く側の意欲が薄れるだけの結果になるでしょう。

　ワンワン，ニャアニャアなどの動物の鳴き声を表す擬音語・擬声語，ポカポカやモコモコなどの感覚的印象を音声で表す擬態語は，イメージにもとづいた言葉による表現の象徴的な例です。これらの言葉は，実態があるわけでなく，あくまでも話し手のイメージを音声に現したものであり，聞き手のイメージを促すためのものです。「現実には無いような面白い言い方やイントネーションを試すなど，子どもとイメージを共有し楽しさを味わうことのできる工夫の甲斐がある言葉」といえます。

　表現に関する技術的な点についての紹介を試みましたが，我々が不器用であれ器用であれ，つねに一生懸命で，子どもに向かって真摯に表現し，たとえ語彙は少なくとも表情豊かに言葉を発していけば，子どもはその奥に潜む，保育者や教師の心の動きを深く感じ取ってくれるでしょう。

（3）保育者・教師という仮面

　ロマンチシズムと言われるかもしれませんが，「この世はすべて舞台である。人生はドラマだ」というようなフレーズをときどき耳にすることがあります。ある意味では，我々は社会生活の中でつねに演技し続けて生きていると考えることができます。社会における個人という存在は，その場その場で異なった表情を見せる一種の多面体と言えます。つまり，多面体としての個人は，社会生活の場面において，刻一刻と変化する状況の中で，異なった仮面を使い分けながら生活していると言えるでしょう（加藤・梶田・原岡ほか，1982）。つまり，社会的な役割の象徴として仮面を考えるとすれば，我々はいろいろな仮面を保有していて，状況に応じてそれらの仮面を被り分けていると考えることができます。さらに言えば，我々が身につけなければならないものの一つに保育者や

第5章 保育者・教師の表現力（パフォーマンス）

　教師という仮面があります。それはずっしりと重い仮面かもしれません。なぜならば未来を担う子どもを育てるという社会的な使命，品行方正が求められる聖職という伝統的な職業観を有した仮面だからです。他者からはもちろん，自律的にも規律が求められ，保育者や教師の仮面を身につけ，公的な"それらしい"表現をすることが求められます。

　一方で，仮面を身につけていたとしても私人としての自分もいます。つまり，本人としての私的な表現も並行して存在しているのです。仮にそのように考えると，保育者や教師という仮面を被った状態での表現と，本人の私的な範囲内で行う表現にブレがなければ問題はないのですが，両者が必ずしも一致するとは限りません。すなわち，私人である本人としては言いたくないことでも，公的な役割の中で，言わねばならないことが多々あるのです。このような状況が長く続くと，おそらく，表現の中に本人の部分が不在となってしまいます。そして，あまりにも不一致が続くと葛藤を処理できずに，欲求不満となり，病気や問題行動を引き起こしてしまうかもしれません。

　もしもそういう事態に陥ってしまったら，保育者や教師という重みのある仮面を軽くする努力が必要でしょう。一概に保育者や教師と言っても，いろいろな人たちがいますし，参考になる点が多々あるでしょう。それらにもとづいて，その重さを調整することもできるでしょう。また，見本となるモデルは唯一ではありません。憧れている先生を目指すことは大事ですが，本人のパーソナリティとあまりにもかけ離れたロールモデルを参考にするのは難しいかもしれません。

　保育者や教師の表現力といっても，前提になるのは私人としての本人を基盤とした自身の表現力です。本人の情緒が安定していて，健康体でなければ保育者や教師の表現力という議論の前提も成り立ちません。情緒が安定していなければ，感性を働かせることも，相手を思いやる余裕も生まれません。保育者や教師も一人の人間です。私的な表現や息抜きを適度にするための工夫が必要です。保育者や教師という仮面を脱ぎ去ることはその気になればいつでもできますが，自分が自分であることを放棄することはできません。いかに自分と付き

第5章　保育者・教師の表現力（パフォーマンス）

合っていくか，保育者や教師の表現力を語る際にはこの課題も避けては通れないものなのです。前向きでエネルギーに満ちあふれた表現をしている保育者や教師であってこそ，子どもの表現を促す人的環境になると思います。

　本章では，対象としての子どもを中心に保育者や教師の表現力について考えました。ただ，ここではほとんど触れませんでしたが，それ以外にも，保護者や同僚という対象もあります。とくに同僚との協働的な態度，学校や園での集団としてのマンパワーを求める声が時代的要請となっています。また，表現力は保育や教育にかかわらず，一社会人としても求められている資質・能力と言えるでしょう。とくに，保育者や教師は職場を異動することも多いはずです。新しい環境に適応し，新しい同僚とパートナーシップを結んでいくためには，表現力こそが我々を支えてくれるのではないでしょうか。

〈もっと詳しく知りたい人のための文献紹介〉

佐藤綾子『教師のパフォーマンス学入門――もっと本気で自分を表現しよう！』金子書房，1996年。
　⇨教職経験のある佐藤綾子氏がパフォーマンス学の基礎について教師を念頭にまとめた書籍です。現在の研究でも多くの研究者がこの本を引用しています。
太宰久夫「表現活動における言葉」改訂・保育士養成講座編纂委員会（編）『保育士養成講座　第10巻　保育実習』全国社会福祉協議会，2009年，pp. 169-215。
　⇨米国留学においてスピーチ・コミュニケーションを学び，現在でも教鞭を執るかたわら専門劇団で演出や演技指導も行っている太宰久夫氏が保育者の表現技術の向上のためにまとめたものです。

〈文　献〉

太宰久夫「表現活動における言葉」改訂・保育士養成講座編纂委員会（編）『保育士養成講座　第10巻　保育実習』全国社会福祉協議会，2009年。
加藤秀俊・梶田叡一・原岡一馬ほか『講座　現代の心理学　7　個人・集団・社会』小学館，1982年，pp. 42-44。
小林志郎「Drama in Education 論考」『東京学芸大学紀要』第39集，1988年，pp. 37-38。

第5章　保育者・教師の表現力（パフォーマンス）

岡田陽『子どもの表現と劇遊び』フレーベル館，1988年，p. 13。

佐藤綾子『教師のパフォーマンス学入門――もっと本気で自分を表現しよう！』金子書房，1996年。

高山昇『Let's Performance 身体表現論』作品舎，2013年，pp. 9-23。

竹内敏晴『思想する「からだ」』晶文社，2001年，pp. 16-17。

第6章
保育者・教師集団のあり方

　第6章では，保育者や教師の"集団"に着目します。統計的資料を主として活用しながら，保育者や教師の年齢構成，教職におけるジェンダー，教職における保育者や教師の経験および文化の継承などの現状や課題について示します。保育・教育機関が多様化し複雑化する保育・教育ニーズに対応するために，こんにち保育者や教師の集団（協働）の力量がいっそう問われています。その力量やそれを保障する職場環境などについて考えます。

【キーワード】

男性保育者　ジェンダー　保育職文化　非正規雇用保育者　冗長性　女性教師　同僚性　協働性　リーダーシップ　ガバナンス

6-1
保育者の集団

1　保育者とは

　ここでは保育者集団の特徴を整理し，その課題を検討してみたいと思います。
　ところで，ここで「保育者」という言葉がどのような人を指すのかは小学校以上の学校教師と比べて少々複雑である点には注意が必要です。この複雑さは第一に「保育」という日本語の用語が最初は幼稚園で使用され，その後託児所や第二次世界大戦後に成立した保育所でも用いられるようになったという歴史に由来します。したがって，幼稚園教諭も保育所で働く保育士も保育者と呼べるわけです。第二に，幼稚園で教育活動（広い意味で保育と呼びうる活動）に従事するのは幼稚園免許状を取得している者のみですが，保育所で保育に従事するのは保育士資格を有する者のみではありません。保育士資格を持たない者も，「保育士」という名称を用いることはできませんが保育に従事することはできます。したがって，そのような人も「保育者」と呼びうるわけです。第三に，保育士資格を活用して従事できる職場は保育所だけではありません。乳児院や児童養護施設などの児童福祉施設でも，保育士資格に保証された職能を生かして働くことができるので，そこで働く人たちも「保育者」と呼びうるわけです。さらに第四に，近年増えつつある認定こども園で子どもの保育にあたる者も，もちろん「保育者」と呼ぶべき人たちです。
　免許・資格を持たない保育者や，乳児院，児童養護施設などの児童福祉施設で働く保育者の集団としての特徴を検討しようとすると非常に範囲が広くなりすぎてしまいますし，認定こども園の保育者の集団についてはまだ調査研究が

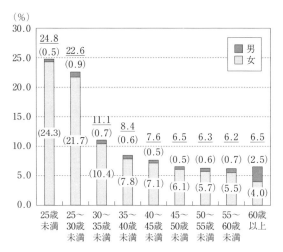

図6.1.1 幼稚園教諭の年齢構成
(出所) 文部科学省 (2013)

進んでいない現状があるので,ここではおもに幼稚園および保育所で免許・資格を有して働く人たちの保育者集団としての特徴を検討してみたいと思います。

2 こんにちの保育者集団の属性

「保育者」というとどのような人が思い浮かぶでしょうか。おそらく,若い女性のイメージを思い浮かべる人がほとんどなのではないでしょうか。その理由をさまざまな統計資料を通じて検証してみましょう。

まず,幼稚園教諭と保育所保育士の年齢構成についてです。30歳未満の保育者の割合が幼稚園では図6.1.1に見られるように全体の50％弱,保育所の場合は図6.1.2に見られるように全体で32％ですが,そのうち私立保育所では42.6％にのぼります。

次に男女比についてみてみます。まず幼稚園についてですが,幼稚園教諭は図6.1.1のグラフにも表れているように男性教員の数はごく少数で,表6.1.1からもわかるようにずっと全体の7％未満を推移しています。保育所の場合はデ

第6章 保育者・教師集団のあり方

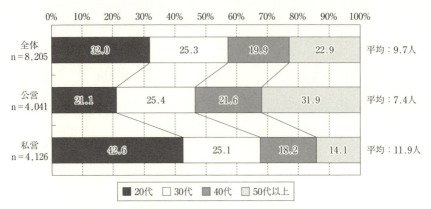

図6.1.2 運営主体別正規保育士の年齢別の配置状況
（出所） 全国保育協議会（2012）p. 38。

表6.1.1 幼稚園教諭の男女比の推移
（単位：人）

区　分	教員数（本務者）	うち女性教員	本務教員に占める女性教員の比率（％）
2005年度	110,393	103,586	93.8
2010年度	110,580	103,330	93.4
2011年度	110,402	103,084	93.4
2012年度	110,836	103,418	93.3
2013年度	111,111	103,738	93.4
2014年度	111,059	103,648	93.3
2015年度	101,497	94,769	93.4

（出所） 文部科学省（2015）

ータの種類が異なるのでわかりづらいですが，図6.1.3に見られるように公立保育所・私立保育所の違いなく平均5％未満であることがわかります。

　これらのデータにもとづけば，「若い女性」という保育者のイメージがけっして根拠のないものではなく，保育者集団の実態にもとづくイメージだということがわかると思います。このような集団は一般の職業集団と比べるとかなり異質なものと言えるでしょう。もちろん，若い女性が多い職業集団というのは保育者集団のほかにもあり，けっしてそれ自体が問題というわけではありませ

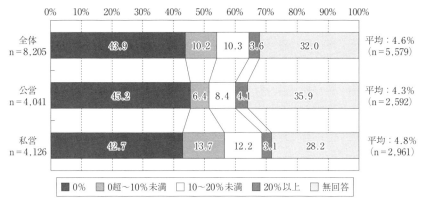

図6.1.3　運営主体別正規保育士の男性割合

（出所）　全国保育協議会（2012）p. 37。

ん。ただし，それが子どもの保育という職業の目的に照らして問題があるならば看過できない状況と言えるでしょう。そこで，次に子どもの保育という職業活動の目的に照らして，男性保育者が極端に少ないことの問題点や，保育職の文化の継承や変革に及ぼす問題について検討してみましょう。

3　保育者集団におけるジェンダー

（1）歴史的経緯

　世界最初の幼稚園を創設したフレーベル（Fröbel, F. W. A.）は幼児教育を女性の天職と考え，その「一般ドイツ幼稚園」では保姆養成が行われました（日本ペスタロッチー・フレーベル学会編，2006, p. 19〜）。これ以降，保育者養成は保姆養成とイコールとなりました。日本の保育者養成も日本初の幼稚園である「東京女子師範学校付属幼稚園」での保姆見習いから始まり，その後女性保育者の養成が広まっていく中で，保育者＝女性というイメージが固定化するとともに，「保姆」ないし「保母」という名称は幼稚園や託児所で保育に従事する者の名称として一般化していきます。

　1946年の学校教育法成立により幼稚園が法的に基礎づけられ，そこで保育に

従事するものは「幼稚園教諭」という名称になりました。これに対して同年の児童福祉法の成立によって保育所が法的に基礎づけられましたが、そこでの保育に従事する者の公的な名称は「保母」のままであり、男性の保母資格の取得は不可能でした。その結果、一般にはどちらも「保母」という名称で呼ばれることが多いという状況がその後も続いていきます。

　しかし、次第に少数ながらも男性で保育に従事する者も現れてきました。彼らの社会的活動の結果、1977年に改正された児童福祉法施行令第22条において、保母資格は「児童の保育に従事する男子について準用する」と規定され、男性も保母資格を取得することが可能になりました。ただ、男性は「保母に準ずる」ため名称はなく、通称「保父」と呼ばれていました。決定的な転機が訪れたのは1999年になってのことで、男女雇用機会均等法の大幅な改正にともない児童福祉法においても保母の名称が「保育士」に変更されました。こうしてようやく男性も「保育士」として保育に従事することが制度的には何の支障もない状況が生まれたのです。

　しかしこのような歴史的経緯から、そもそも保育者は「保姆」ないし「保母」という名称とともに女性の職業として社会的に認知されてきたことがわかると思います。そして、そのような社会的通念が保育者集団を極端に女性数の多いものにしてきた要因と言えるでしょう。

（2）社会的地位の低さ

　幼児期の教育は義務教育化されていないため、たとえば幼稚園は学校教育法第1条で学校として位置づけられ、同第22条で義務教育及びその後の教育の基礎を培うものとして目的が明確化されているにもかかわらず、社会一般には「学校」組織として認識されていないなど、保育者の社会的地位に対する一般の認識は（幼稚園教諭であれ保育所保育士であれ）、小学校以上の教師に比べるとまだまだ低いのが現状であると言えます。幼稚園や保育所はたんに家庭の代わりに小学校に上がる前の子どもの「世話をするところ」、「面倒を見るところ」という誤った認識がまだまだ残っています。このような保育者の社会的地

位に対する一般の認識は後に見るように保育者の賃金等の待遇面にも反映されています。男性が一家の収入を支えるべき，という旧来の家庭観がまだまだ根強い日本の社会通念に照らすと，この現状は男性が職業選択時に保育職を断念せざるをえなくなるような大きな障害となっています。

表6.1.2　男性保育者に期待する役割や働き

男性の身体的特性を生かした働き	（人）
体を使ったダイナミックな遊び・体育指導	33
力仕事・高いところの作業・施設の管理	13
OA関係・園バス運転・防犯	5
男性の精神的特性を生かした働き	（人）
女性とは違う視点・考え方・感じ方	13
父親の子育て参加や相談を促進	3
女性保育者のケア	1
男性の存在特性を生かした働き	（人）
父親的役割	18
両性いることの自然さ	5

（出所）　井上（2013）p. 209。

（3）男性保育者の存在の意義と必要性

　以上のような歴史的経緯と現状から，保育集団は極端に女性の多い職業集団となっています。したがって，これは男性が保育職に適さないという問題ではなく，あきらかに文化・社会的に形成された性差（ジェンダー）の問題なのです。では保育者集団にとって男性保育士の存在はどのような意義を持つのでしょうか。

　「男性保育者は必要か？」という質問に否と答える人はまずいません。筆者は男女共学の保育者養成校に従事している関係上，幼稚園園長や保育所所長に同様の質問を投げかける機会が多くありましたが，その回答もほとんどは肯定的なものでした。ただその際，園長・所長の皆さんがその理由として挙げる多くの回答は，「子どもとダイナミックな遊びができる」といった保育内容の違いに期待するものであるのが印象的でした。表6.1.2のような調査結果にもそれは表れています。しかし，たしかにそれは男性保育者に求められる一面ではありますが，残念ながら男性保育者という存在の意義と必要性の根本をとらえた回答ではありません。

　この点については欧州連合保育ネットワークでの議論をまとめたレポート[1]が参考になると思いますので，そこで主張されている男性保育者が必要である理

第6章　保育者・教師集団のあり方

由の概略を以下にまとめてみます。

　①子どものために：保育サービスにおいて，男性と女性の数をより等しくすることの主な理由は，保育を受ける子どもの日常生活の質を向上させることである。また，平等という意識を子どもに芽生えさせることを助けるということも考えられる。保育者がすべての個々の女の子と男の子を尊重し大切にし，制限された性別の役割を脱する環境や活動を創り出す意識的なジェンダー教育を行うことが，子ども間の平等を達成するために必要である。

　②スタッフ間の協力のために：男性の保育者の存在はスタッフ間のコミュニケーションの幅を広げ，スタッフ間の協力がうまくいくことにつながる。より多くの男性が雇用されると，保育所の伝統的な習慣に対する反体制文化が生まれるだろう。男性には女性とは違ったやり方があるので，日課や日常の習慣や規則などを話し合うことが必要であろう。このように，男性を雇用することは保育所の発展の可能性を与えるものとみなすことができ，保育所の習慣の変化をもたらす力強い要因となりうる。

　③親のために：子どもの親は，保育所に男性保育者を置くことに多くは肯定的である。単親の中には，保育所に男性スタッフがいるととくに喜ぶ人がいる。多くの父親も，男性保育者の存在に満足している。状況によっては男性の方が父親とよい関係をつくりやすいのである。保育所における男性の存在は，父親を保育所や子どもの日常生活にもっと参加させるのに重要な役割を果たすかもしれない。

　④男性のために：男性が子どもの世話をできないという生物学的な理由はない。それは生物学的障害というより，文化的な障害なのである。保育所で働く男性には従来の性役割に沿った男性らしさを求められがちである。しかし，保育所で働く男性は性格の男性的な面と女性的な面の両方を見せることを許されるべきである。保育所で，伝統的な性別役割がなくなってほしいと望むなら，

（1）このレポート（Jensen, 1996）のタイトルは日本語に翻訳すると，『保育サービスにおける労働者としての男性　討議資料』となります。本文で紹介した内容は同書の「Ⅱ. 男性保育者は必要か否か」にもとづいて筆者が要約したものです。

いわゆる典型的な女性の仕事を男性も行うことが重要である。つまり，男性保育者の存在が，子育てへの参画を通じて男性を伝統的な性別役割から解放する手がかりになるかもしれない。

⑤労働市場のために：保育に関する仕事は，労働市場において男性と女性に均等の雇用機会を保障するという目的をもって発展してきた。しかし，その保育という仕事自体が女性の典型的な仕事となっているのは大きな矛盾である。保育において性別の差をなくすことは，一般に社会で同権を促進するのに重要である。男女混在の労働市場を実現させたいなら，男性が保育の仕事へ社会的に平等な参加をしなければならない。

つまり，いまだ実現されていない男女平等という社会の公正さを実現するために，そしてそのような社会変革を少しずつでも推進し，よりよい社会を次世代の子どもたちに受け渡すために，男性保育者という存在は大きな意義を持っており，必要なのです。そして，それはそもそも保育という仕事そのものの根本的な目的にも適っているものなのです。自らも男性保育士である小﨑恭弘はこのレポートに刺激を受けながら，男性保育士を社会にインパクトを与えるもの，男女共同参画社会の先駆的役割を担うものとしてとらえ，現在の男性保育士に求められる役割を①男性の育児のモデルとしての役割，②男女が共同して育児をするモデルとしての役割，③多様な生き方・価値観のモデルとしての役割（男性保育士という存在が社会的にマイノリティーであるがゆえに多様な視点や価値観を提供することができる），④社会・大人の責務を果たす役割（これまで子育てに機会・関心を持てなかった成人男性が子育てに参画することによって，そこで起きている問題や矛盾等を社会へ発信し，次世代育成に関する社会的責任を果たす役割）の4点にまとめています（小﨑，2005, p. 204〜）。

4　保育職文化とその継承・変革

保育者集団はなぜ半数近くが30歳未満の若い人で占められているのでしょうか。

第6章　保育者・教師集団のあり方

（1）待遇面の問題

　それは簡潔に言えば短い勤続年数で退職する人が多いからです。その退職理由ですが，東京都保健福祉局が行った調査（東京都福祉保健局，2014, p. 77）によれば過去に保育士として就業しながら退職した人の退職理由は「妊娠・出産」が25.7％ともっとも多く，次に「給料が安い」が25.5％となっています（正規職員，有期契約職員を含めた全体の数値）。幼稚園教諭に関しては同様のデータがありませんが，退職理由に関しては似た状況であることが推測できます。乳幼児の保育に従事する人が「妊娠・出産」で退職せざるをえないというのは保育職の根本目的に照らせば大きな矛盾であり，日本社会の大きな構造的欠陥であると言ってよいでしょう。

　つぎに「給料が安い」という理由ですが，この問題は待機児童問題への対応として保育所の増設および保育士の確保が急務となっている現在，メディアで大きく取り上げられていますし，2016年7月に行われた参議院議員選挙に向けて各政党が一斉にマニフェストの中で保育士の賃金アップを重要政策として盛り込んだことでも話題となりました。実際に保育者の平均賃金は表6.1.3の通り，全職種の平均賃金に比べて低いことがわかります。もちろん，このデータの賃金格差は全職種と比べて保育士，幼稚園教諭の平均年齢が低いために生じている面があるので単純に比較することができませんが，中途退職者が多い保育職の実態の裏づけとして読み取ることができます。このようにけっしてよいとは言えない待遇面の現状があるにもかかわらず，何とか幼稚園・保育所が維持・運営されているのは，保育職に従事している人たちの子どもに対する愛情や保育職に対する熱意や使命感があるからこそと言えるでしょう。しかし，それにも限界はあります。実際，保育士資格登録をしている1,186,003人の中で社会福祉施設等に勤務していない保育士は全国で758,748人，全保育者登録者数のうち64％にのぼるという推計もあります（厚生労働省保育士等確保対策検討会，2015）。保育職が就労上魅力のない職業として社会的に見られるようになると，それによって優秀な人材が集まらず，保育の質の維持・向上が難しくなるという問題が生じます。

表6.1.3 保育者の平均賃金

	平均年齢	勤続年数	きまって支給する現金給与額※
全職種	42.1歳	12.1年	329.6千円
保育士	34.8歳	7.6年	216.1千円
幼稚園教諭	32.4歳	7.8年	231.4千円

(注) きまって支給する現金給与額…労働協約又は就業規則などにあらかじめ定められている支給条件,算定方法によって6月分として支給される現金給与額のこと。手取額でなく,税込み額である。現金給与額には,基本給,職務手当,精皆勤手当,家族手当が含まれるほか,時間外勤務,休日出勤等超過労働給与も含まれる。
(出所) 資料は厚生労働省「平成26年賃金構造基本統計調査」による。この表は,労働省保育士等確保対策検討会(2015)にもとづいて筆者が作成。

(2) 保育者集団に経験豊かな人が少ないことの問題

また,保育の質の維持・向上という問題に関しては,保育者集団の年齢構成の現状がすでに大きな影を落としているといってよいでしょう。若い保育者,経験年数の浅い保育者が多数を占める保育現場では,上の世代が培ってきた豊かな経験を下の世代に受け継いでいくことが難しくなります。さらに現在の保育現場には保育時間の延長や子育て支援の充実といった以前よりも多くの要求が向けられており,保育者の負担は増大しています。先輩保育者の様子を見ながら自分の保育を振り返る,先輩保育者との普段のおしゃべりの中で先輩の保育についての考えや経験を受け継いだりアドバイスをもらったりする,という一昔前ならば自然にゆっくりと行われた保育職文化を継承する機会が多忙さによって失われつつあります。先輩保育者の絶対数が少ないという保育者集団の特徴がその機会をさらに少なくしているのが現状です。

(3) 研修機会を確保する難しさと非正規雇用保育者の増加の問題

保育職が専門職である以上,保育者には絶え間ない研鑽と自己修養が要求されます。保育の質の維持・向上のために,保育者には十分な研修の機会が与え

られなければなりません。初任者研修をはじめとする各種研修制度がある幼稚園教諭はまだよいのですが，保育所の場合は研修制度が確立しておらず，その機会の確保は各保育所や各自治体の自主的な取り組みに任されているのが現状です。筆者はそのような自主的な研修の講師や助言者を依頼されることが多いのですが，研修を主催する自治体責任者や保育所所長の皆さんからは，充実した研修の実施が難しいという声をよくお聞きします。保育所で充実した研修を実施しようとする際の困難の第一は財政支援のないことにあります。これは研修制度が確立していないことによります。制度的な保障がないために，最新の保育に関する情報や研究に触れるために講師を呼んだり，保育士を派遣したりするための予算を組むことが難しいというのが実情です。

　研修を実施する上での第二の困難は，研修のための時間の確保です。保育所は保育時間が長いために早番・遅番などの時間分担が行われているのが通常で，保育士の勤務時間帯がばらばらであるために，保育所の保育士全員で園内研修を行う時間をなかなか確保できない，という問題があります。さらに問題なのは，現在保育所では非正規雇用の保育士が多くなったという状況です（図6.1.4）。非正規雇用の保育士が多いことは現在の保育所の保育者集団の大きな特徴ともなっています。しかも，非正規雇用の保育士も正規雇用と同様の業務に就いていることが多いため，保育所全体の保育の質を高めようとするならば正規，非正規双方の保育士の連携も重要な課題となるのですが，非正規雇用の保育士に勤務時間外の研修を強制することはためらわれる，という切実な声をよく聞きます（非正規保育労働者実態調査委員会編，2015, 参照）。十分な研修機会が提供されないということは，保育の質の維持・向上が困難になるというだけでなく，現在の保育職文化をその都度の社会状況に応じてさらに発展・変革することも困難になり，次世代育成を担う保育職にとって由々しき状況であると言わねばならないでしょう。

　以上見てきたように「若い女性」が多いという保育者集団の特徴は子どものためにも社会全体のためにも改善されねばならない問題です。男性保育者を増

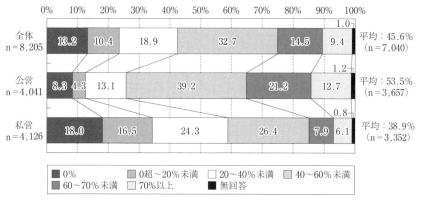

図6.1.4　運営主体別　保育士の非正規割合
（出所）　全国保育協議会（2012）p. 39。

やすことは，長い歴史的要因によるために，今すぐ劇的に改善するということは難しいかもしれません。しかし，保育者の待遇の改善を訴え，実現していくことはそれほど困難なことではないはずです。とくに待機児童問題への対応として保育士確保の必要性が社会的に訴えられている現在はその好機といえるでしょう。保育者の待遇改善とは，賃金・昇給制度の改善，労働時間の負担減，産前産後休暇・育児休暇の確保，といったことが公立・私立を問わず幼稚園教諭，保育所保育士の職場環境として実現され，保育者が生涯を通じて保育職に従事できるようになることを指します。保育者が生涯を通じて保育職に従事できるようになれば，男性保育者の増加が促されるとともに，年齢構成の不均衡も改善されることが期待できます。

　また，そうした困難さの中でも自らの職業の地位向上のために保育者集団は同僚性や他機関（児童相談所等）との協働，連携によって，かれらの専門性向上への努力を継続しています。その努力をさらに発展させ，保育者の地位向上に見合った保育の質の向上を実現するためにも，保育者自身のさらなる努力とその努力に対する制度的な支援の拡充が必要です。幼稚園教諭の研修制度のさらなる充実と保育所保育士の研修制度の確立によって，保育者集団が世代間の交流を含めた適切な研修の機会を与えられることも今後の大切な課題です。

第6章　保育者・教師集団のあり方

　これらのことは国，地方行政の支援がなければ不可能です。そのためには保育に関する諸機関（幼稚園，保育所，関係行政機関など）や利用者，その他関係団体が保育者集団の環境改善を訴え続け，その訴えの声を社会全体の大きな世論へとつなげていくことが，現在とくに求められているのです。

〈もっと詳しく知りたい人のための文献紹介〉

小﨑恭弘『男性保育士物語――みんなで子育てを楽しめる社会をめざして（MINERVA21世紀福祉ライブラリー）』ミネルヴァ書房，2005年。
　⇨自らも男性保育士である著者が，男性保育士が直面する問題，子どもとのかかわり，同僚とのかかわり，保護者とのかかわりについて実際の経験を通して語るとともに，社会における男性保育士の必要性や役割についても独自の視点から説明しています。保育者を目指す男性だけでなく，多くの父親や女性保育者にとっても新たな視点を提供してくれる著作です。

非正規保育労働者実態調査委員会（編著）『私たち非正規保育者です――東京の公立保育園非正規職員調査から見えてきたもの』かもがわ出版，2015年。
　⇨東京都の公立保育所の非正規職員に関する調査をもとに，公立保育所に非正規保育士が増えた社会背景や非正規保育士の直面する実態を分析し，その問題点を明らかにしています。また，非正規雇用保育士の生の声も掲載されており，保育現場の実情を知る上でも貴重な内容がコンパクトにまとめられています。

『ちいさいなかま』編集部（編）『いい保育をつくるおとな同士の関係』ちいさいなかま社，2010年。
　⇨保育者―保護者，保育者同士の関係，保育者の世代間の関係といった子どもの保育をめぐる大人同士の関係のあり方について，現在の社会状況の分析にもとづく提言と現場の保育士の声から検討した著作です。いわゆる「モンスター・ペアレンツ」への対応から見えること，今の若い世代の人たちの特徴に戸惑う主任保育士の経験など，子どものために大人同士がよい関係を築くにはどうしたらよいか，わかりやすい言葉で語ってくれています。

〈文　献〉
『ちいさいなかま』編集部（編）『いい保育をつくるおとな同士の関係』ちいさいな

かま社，2010年。

非正規保育労働者実態調査委員会（編著）『私たち非正規保育者です――東京の公立保育園非正規職員調査から見えてきたもの』かもがわ出版，2015年。

保育士等確保対策検討会「第3回保育士等確保対策検討会　保育士等に関する関係資料」2015年。http://www.mhlw.go.jp/file/05-Shingikai-11901000-Koyoukintoujidoukateikyoku-Soumuka/s.1_1.pdf（2017年2月6日閲覧）

井上清子「男性保育者に求められる役割と問題」『生活科学研究』第30号，文教大学，2013年，pp. 207-214。

Jensen, J. J. *Men as Workers in Childcare Services. A Discussion Paper.*, European Commission Network on Childcare, London（England），1996. http://files.eric.ed.gov/fulltext/ED403080.pdf（2017年2月6日閲覧）

（部分訳：小﨑恭弘「保育における労働者としての男性――欧州連合保育ネットワーク討議資料より (1)」『神戸常盤短期大学紀要』第28号，2007年，pp. 37-44，および，小﨑恭弘「保育における労働者としての男性――欧州連合保育ネットワーク討議資料より (2)」『神戸常盤短期大学紀要』第29号，2007年，pp. 85-101。）

小﨑恭弘『男性保育士物語――みんなで子育てを楽しめる社会をめざして』ミネルヴァ書房，2005年。

文部科学省「平成25年度学校教員統計調査」2013年。http://www.mext.go.jp/b_menu/toukei/chousa01/kyouin/kekka/k_detail/1356144.htm（2017年2月6日閲覧）

文部科学省「平成27年度学校基本調査」2015年。http://www.mext.go.jp/b_menu/toukei/chousa01/kihon/kekka/k_detail/1365622.htm（2017年2月6日閲覧）

森上史朗（監修）大豆生田啓友・三谷大紀（編）『最新保育資料集2016』ミネルヴァ書房，2016年。

永井優美『近代日本保育者養成史の研究――キリスト教系養成機関を中心に』風間書房，2016年。

日本ペスタロッチー・フレーベル学会（編）『増補改訂版　ペスタロッチー・フレーベル事典』玉川大学出版部，2006年。

東京都福祉保健局『東京都保育士実態調査報告書』2014年。http://www.metro.tokyo.jp/INET/CHOUSA/2014/04/DATA/60o4s201.pdf（2017年2月6日閲覧）

第 6 章　保育者・教師集団のあり方

　　全国保育協議会『全国の保育所実態調査報告書2011』2012年。http://www.zenhokyo.
　　　gr.jp/cyousa/201209.pdf（2017年 2 月 6 日閲覧）

6-2
小学校教師の集団

1 なぜ，"集団"を考えるか

　はじめに，小学校教師の"集団"をテーマとする理由について説明しておきましょう。

　理由の一つ目は，教師集団のありようが個々の教師の教育活動にとって大きな影響をもつということです。この点については油布（1999）をはじめ多くの教師研究において繰り返し述べられています。それらの中で主な事項を私見も含めて示せば，教師集団は，①個々の教師が教育実践を省察し実践の水準を維持・向上させる場となる，②若年教師の専門性および人間性の形成を支援する，③児童生徒に関する多様で豊かな情報を共有することを可能にする，④教師間における冗長性形成に資する，などです。いずれも教育活動にとって重要な意味をもちます。「冗長性」とは，田中（2002）によれば，「自分と他者とのあいだでこのくらい本音をぶつけても，相手は嬉々として応答してくれるはずだという，予期が相互に一致していること」です。冗長性は人間関係（あるいはコミュニケーション）の緩衝材としての役割を果たすもので，教師間のフォーマルおよびインフォーマルな情報交流にとって大切な要素となります。

　2つ目は，近年教師および教師集団を取り巻く環境が大きく変わりつつあるということです。学校関係者および機関による支援制度，あるいは相互の連携および協働のしくみが提案され，実施されてきています。学校評議員制度，学校運営協議会制度，学校支援ボランティアなどです。さらにこんにちでは，「チームとしての学校」が強調されるようになっています。チームとしての学

校では，スクールカウンセラーなどを含めた多様な専門職を配置した"チーム"がめざされていますし，それを基盤として保護者や地域住民との新たな連携・協働関係の構築の必要性も示されています。「チームとしての学校」については，のちに詳述します。

　このような中で，いっそう学校内の教師集団の果たす役割機能が問われてきています。しかしながら，いくつかの要因で教師集団の変容が起こってきており，さきほど挙げた教師集団の役割機能が働きにくい状況にあるという指摘が多くあります。本書の第1章においてすでにその要因のいくつかについては取り上げています。教師の年齢構成の偏りやプライバタイゼーション（私事化）などです。

　次節以降では，そのような要因による教師集団の変容を含めて，教師集団の現在について，ジェンダー問題，同僚性や協働性の課題などを中心に述べていきましょう。

2　小学校教師のジェンダー

（1）女性教師の管理職の少なさと低学年配置

　小学校教師のジェンダー問題については，以前から女性教師の管理職や主任職への任用比率の低さと低学年への傾斜配置が指摘されてきました。「男女雇用機会均等法」（正式名称は，「雇用の分野における男女の均等な機会及び待遇の確保等に関する法律」，1986年）施行からすでに30年，男女共同参画社会基本法（1999年）施行から17年になりますが（2016年現在），教職において現在もなおジェンダー問題は解消されていません。

　表6.2.1は，管理職に占める男性教師・女性教師の人数を示しています。小学校教師全体の男女比は，男性教師が38.2％に対して女性教師の占める比率は61.8％と高いにもかかわらず，管理職（校長，副校長，教頭）41,574名の中で男性教師が占める比率が79.6％，女性教師の比率は20.4％となっており，男女差が依然としてかなり大きい状況にあることがわかります。ちなみに，男性教

表6.2.1　管理職に占める男性教師・女性教師の人数

	男性	女性	合計
校長	16,630	3,812	20,442
副校長	1,578	575	2,153
教頭	14,884	4,095	18,979
管理職合計	33,092	8,482	41,574
教師全体合計	147,009	237,937	384,946

（出所）　文部科学省（2015）より作成

師全体（147,009名）に占める男性管理職の比率は22.5％，女性教師全体（237,937名）に占める女性管理職の比率は3.6％です。

　もう一つ，女性教師の低学年配置について言及しておきましょう。学年配置の統計（黒田ほか，2009）によれば，1年生の担任の男女比率は，男性11.6％，女性88.3％，2年生では男性19.9％，女性80.0％となっています。女性教師は"低学年向き"などと言われることがありますが，みなさんはこの言説をどのように受け取りますか。この言説には少なくとも3つの意味があるように思います。一つは，女性の「母性的資質に対する積極的評価」（深田，1991）です。幼児期から児童期初期へと移行し徐々に児童としての発達を遂げる低学年には，女性の「母性的資質」は適正だという意味です。2つ目は，女性教師の「家庭生活への配慮」です。女性教師が自身の家庭において旧来の性別役割分業から自由になったわけでなく，依然として負担を抱える状況にあることから，女性教師には高学年担任よりも相対的に負担の少ない低学年担任を充てる「配慮」が必要である，というものです。そして3つ目は，男性教師の「適正」です。小学生は高学年ともなれば個々にあるいは集団で意思を主張するようになります。それがときに学級経営や学習指導の難しさとなり，それに対処する男性教師の「権威」が必要となる，ということです。これら「母性的資質」「家庭生活への配慮」「権威」いずれもが，こんにちなお教職において一定の支持を得ている現実があります。筆者はこれらすべてを否定はしませんが，ステレオタイプ（stereotype，固定観念による類型化）なとらえ方とその実体化は，性差別

へとつながるものと考えます。

（2）ジェンダーの問題への認識と実践の必要性

かつて筆者は「学校が『女性』をつくる」と題して，学校教育におけるジェンダーの問題を顕在的カリキュラムと潜在的カリキュラムの両面を視野に入れて述べたことがあります（木山，1995）。その中で筆者は，教科書その他の教材で表現される性別役割や，日常の学級経営や生徒指導における教師による性別役割分業的な言動が，テレビのCMのように繰り返し発信されることによって，子どもたちに偏ったジェンダー意識を刷り込んでいく可能性がある，と指摘しています。

人格形成を目的とする学校教育において，その中心的担い手である教師および教師集団が，こうした人権あるいはジェンダーの問題に対して適切な認識を共有し，かつ実践すべきことは言うまでもないことです。そのことを考えるとき，少なくとも固定的な性別特性観から脱し，学校全体の組織運営や教師集団の構成においてジェンダーにかかわる規範や制度はつねに適正化が図られなければなりません。

3　教師の同僚関係の現在

図6.2.1を見てください。この図は，教師の同僚関係に関する調査結果を表しています（油布，2009）。この調査は，20世紀の末から今世紀はじめにかけて日本，英国，中国で小中学校の教師を対象として実施されたもので，「同僚とのインフォーマルな付き合い」，「教育観や教育方針についての語り合い」，「教員相互の授業参観」について訊ねた項目の回答結果です。この結果について油布は，英国や中国の教師と比較して，第一に，日本の教師の同僚関係が職場に限定されていること，第二に，授業等教育活動に関する交流が消極的であること，を指摘しています。

図6.2.2および図6.2.3は，筆者が2015年末に中国で実施した調査の結果です

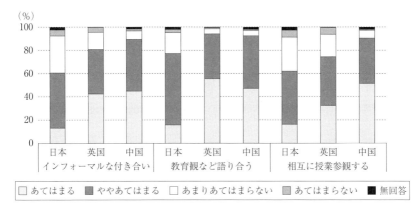

図6.2.1　教師の同僚関係（日本・英国・中国）
（出所）　油布（2009）p. 198をもとに作成

（木山ほか，2016）。この調査では，江蘇省塩城市の小中学校教師288名から回答を得ましたが，この2つの図が示す教師相互の授業参観の状況は注目されます。このほかに「授業内容や方法について同僚とよく話す」（「よく当てはまる」の回答比率75％，以下同様），「教育上の悩みを相談する同僚が周囲にいる」（60％），「同一学校内の教師間で授業づくりを共同で行っている」（70％），「周りにモデルになる教師がいる」（76％）などの項目を見ても，いずれも肯定的な回答が示されました。中国の義務教育は現在，地域間および学校間の教育格差（教育資源等の格差）を是正するために教師の交流や異動を政策的に推進しています。その事例の一つとして選択した塩城市における調査ですから，このデータについては，中国の特殊事情を考慮しなければなりません。しかし，調査対象の教師に対する聞き取り調査の中で明らかになったことは，授業づくりや授業公開などによるフォーマルな交流だけでなく学校内外でのインフォーマルな交流を含め，たんに政策的要請に応えているのではなく，彼らの交流が授業および学校運営の質の向上につながるということを認識し積極的に同僚性（collegiality）や協働性（collaboration）をつくりあげようとしていることです。

子どもの人格形成を目的とするわが国の学校教育において，教師が日常の教育活動の中で，同僚性や協働性をつくりあげる（あるいは醸成される）装置は

第6章　保育者・教師集団のあり方

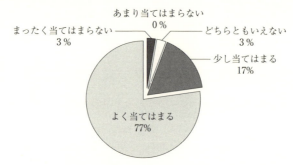

図6.2.2　「自分の授業を他の教師に公開している」（中国の教師の場合）
（出所）　木山ほか（2016）

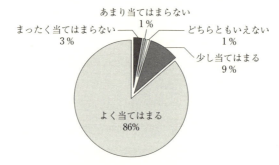

図6.2.3　「他の教師の授業を参観している」（中国の教師の場合）
（出所）　木山ほか（2016）

多くありました。たとえば，職員室ではいわゆる「島」型の配置が多くみられ，島を中心に教師たちは，授業のこと，生徒指導のこと，学校行事のことなどフォーマルな情報交換とともに，インフォーマルな会話も交わしつつ，公私両面にわたって相互に補完し合う環境がありました。他にも，学期や年度，あるいは行事などの節目に催される飲食等の機会なども，教師集団がつくりあげてきた装置と言えるでしょう。

　このような装置はいま，教師の年齢および性別構成や，既述のプライバタイゼーション（私事化）の蔓延，その他多くの要因によって機能縮小の傾向にあ

ります。ただし，教師の年齢構成はこれまでの教師の採用の事情によるものです。また，教師の性別構成（男女比）は女性の高学歴化や社会進出などにも起因するものです。さらにプライバタイゼーションは，教師の世界だけに見られる現象ではなく社会全体における個人主義的傾向です。したがって，ここでいま一度従来の教師集団の装置を復活させようなどと力説するつもりはありません。それでは教師の同僚性や協働性は何によって担保されるでしょうか。

4　同僚性や協働性を育む装置

「同僚性」や「協働性」という語句を使用するとき，私たちは次の2つの意味を自覚しておかなくてはなりません。既述の中国塩城市の教師にみる協働性や同僚性を思い出してください。彼らは，一方で国家や教育行政の政策的志向に沿って教師間の交流や異動のシステムに参加していますが，他方でそのシステムの中で主体的，自主的に交流機会をつくり活用しています。つまり「同僚性」や「協働性」には，組織を管理する者が，あらかじめ設定した成果を達成するために成員に役割（機能）を割り振りかつそれら各役割（機能）の連携のあり方を方向づける，このような意味を包含する「同僚性」や「協働性」があります。もう一つは，教師が自身の力量を向上させようとする願いや自らの価値や経験を相互に検証しようとする意思などによって生じた教師集団のそれです。油布（1999, pp. 66-67）は，この2つの意味を contrived collegiality（「わざとらしい同僚性」，あるいは「見せかけの協働」）と collaboration という言葉で表現し，前者を「教師自らの志向によって生まれたものではなく，管理者の関心から生まれたもの」，後者を「教師同士がアイデアや実践を共有していく過程」と区別しています。

これまで述べてきたように，従前の「島」などの装置に教師集団の同僚性や協働性を醸成する機能を多く期待できない環境にあることは認めざるを得ません。そのとき，従前の装置に代わるものとして何に期待することができるでしょうか。

第6章 保育者・教師集団のあり方

　2015年12月中央教育審議会は,「チームとしての学校の在り方と今後の改善方策について」を答申しました。答申の中では「チームとしての学校」を次のように述べています。

　　　校長のリーダーシップの下,学校のマネジメントを強化し,組織として教育活動に取り組む体制を創り上げるとともに,必要な指導体制を整備することが必要である。その上で,生徒指導や特別支援教育等を充実していくために,学校や教員が心理や福祉等の専門家(専門スタッフ)や専門機関と連携・分担する体制を整備し,学校の機能を強化していくことが重要である。

　このような「チームとしての学校」は,知識基盤社会が求める資質・能力を育成する教育課程および指導法の実現や,社会の変化により複雑化・多様化した課題の解決への対応などのために提唱されているのはもちろんですが,近年の教師が抱える多忙化や孤立化などの問題の解消に向けた業務の見直しや校務分掌のあり方の再検討なども目指されています。

　また,「チームとしての学校」が提唱される背景として私たちが認識しておかなければならないことは,上記引用文の後半の「心理や福祉等の専門家(専門スタッフ)や専門機関と連携・分担する体制」のことです。これはつまり,現在の学校教育がスクールカウンセラー(SC)やスクールソーシャルワーカー(SSW),大学・研究機関,地域ボランティア,保護者などの支援や参画があってはじめてその教育活動が成り立つという現実を認識し対応すべきことを示しています。したがって,ここで目指される体制はまさに「チーム」であり,「補助者」(油布,2009,p. 215)ではないと考えるべきです。紅林伸幸の言葉を借りれば,「現実は,教師の集団に閉ざされた同僚性の議論の,遥か前方を進んでいる」(油布,2009,p. 215)ということです。

　さて,以上のような背景やねらいをもった「チームとしての学校」が,新たな「チーム」における同僚性や協働性を醸成する装置として機能を果たすことができるでしょうか。その結論を現時点で出すのはまだ早いでしょうが,次のことは少なくとも言えるのではないかと思います。「チーム学校」は教師ある

いは教師集団から発せられたものではありません。もちろんそのことをもって直ちに否定するものではありませんし，新たな「チーム」を創生し教師集団自体の弱体化（あるいは教師の孤立化）を打開するために，教師集団の外部から梃子入れをすることも必要でしょう。しかし，その"梃子"に依存しつづけるようなことがあれば，教師集団ゆえにもつことが可能な教育活動における豊かな具体性や応答性，あるいは柔軟性が失われるのではないか，こうした懸念は拭えません。梃子に依存しつづけることは，行政あるいは管理する者（外部）からあらかじめ提示された成果目標に向かい，同じくあらかじめ機能（役割）を割り当てられた業務をそれぞれが担いつづけるということです。このとき，教師相互が相乗的・相補的関係（これが同僚性や協働性を醸成する）を結ぶ余地はあるのでしょうか。また，日常的に子どもにもっとも近いところにいる教師だからこそ獲得することができた知見（情報）を，相乗的・相補的関係によっていっそう豊かにする（具体性・応答性・柔軟性をもつものにする）契機はあるのでしょうか。このような相乗的・相補的関係の構築とその関係による作用の基盤となるものが，成員の自立と自律であると考えます。「チームとしての学校」では，学校経営における校長のリーダーシップの強化が謳われています。こんにちあらゆる学校教育組織で管理職によるガバナンス（governance）やリーダーシップの必要性が強調されています。ガバナンスは，一定の組織における規範や制度（ルール）を形成・維持し，あるいは改善・強化することですが，規範や制度はその組織の成員の意思の調整・合意を通して形成・維持・改善・強化されるものです。また，リーダーシップは指導（力）あるいは統率（力）などと訳すことができますが，これも同じように成員の意思を尊重したものであるべきです。成員の意思の調整・合意という手続きを欠けば，ガバナンスやリーダーシップは管理する者による専制支配（autocracy）になりかねません。また，組織のガバナンスやリーダーシップに対して成員は自立的かつ自律的でなくてはなりません。

第6章　保育者・教師集団のあり方

　〈もっと詳しく知りたい人のための文献紹介〉

Hargreaves, A., *Teaching in the Knowledge Society.* ハーグリーブス，A.（著）木村優・篠原岳司・秋田喜代美（監訳）『知識社会の学校と教師——不安定な時代における教育』金子書房，2015年。
⇨本書は，知識社会が教職にもたらす危機について，「独創性の破綻」や「誠実さを失うこと」というテーマで具体的事例を用いながら描いています。そしてその危機を可能な限り的確に認識した上で，かつ「教職は知識社会の核となる専門職」であり「知識社会の変化における重要な主体」であるという確固たる前提に立って，いまこそ「学び合う専門職」について再考すべきであると述べています。

〈文　献〉

深田博巳「小学校における担任学年配置における女性教師のステレオタイプ的態度」『広島大学教育学部紀要第Ⅰ部』第40号，1991年。

木山徹哉「学校が『女性』をつくる」林陽子・小島新平・寺川志奈子・木山徹哉・加藤佳子・岩淵剛『現代に生きる女性』愛智出版，1995年。

木山徹哉ほか「江蘇省塩城市における『都市と農村の教育一体化』——教育集団方式による義務教育の格差是正の試み」（科学研究費　基盤研究Ｃ　課題番号26381107　2016年度研究成果報告書），2016年。

黒田友紀ほか「小学校における学年配置のジェンダー不均衡」『東京大学大学院教育学研究科紀要』第49巻，2009年。

文部科学省「平成25年度学校教員統計調査」2015年。

田中智志『他者の喪失から感受へ——近代の教育装置を超えて』勁草書房，2002年。

油布佐和子（編著）『教師の現在・教職の未来——あすの教師像を模索する』教育出版，1999年。

油布佐和子（編著）『教師という仕事』（リーディングス　日本の教育と社会⑮）日本図書センター，2009年。

第7章
保育・教育と他領域の協働

　社会や家族の変容，そしてそれにともなう子どもおよび子ども—大人関係の変容は，保育および教育の事象を複雑化・困難化させ，教職の専門性にいっそうの拡がりと深まりを要求しています。「子どもの貧困」と保育・教育，特別な支援を必要とする子どもへの対応，親準備性の欠如に対する支援などです。第7章では，その「拡がり」と「深まり」の一端を，教職と福祉，保健・医療，心理など隣接領域との学際的，融合的な取り組みという観点から示しています。

【キーワード】
児童虐待　児童相談所　「配慮を必要とする」子ども　児童発達支援センター　スクールソーシャルワーカー（SSW）　子どもの貧困　養護教諭　学校保健安全法　病児保育　健康教育　巡回相談　キンダーカウンセラー事業　不適応行動　スクールカウンセリング事業

7-1
保育・教育と子ども家庭福祉

　現在，子どもを取り巻く環境は，児童虐待，いじめ，暴力の問題，子どもの貧困などさまざまな課題があり，保育・教育現場のみで対応することは難しい状況にあります。とくに福祉的・法的措置が必要な場合，医学的な診断が必要な場合など，教育現場は関係機関との連携の中で問題の解決に努める必要があります。関係機関と連携をとることによって，子どもや家庭の問題を多方面からとらえることができ，問題を早期に解決することができたり，あるいは解決に向けた方向性を見いだせたりします。こうした保育・教育と他の専門機関や専門職の連携は，今後ますます重要なものとなるでしょう。ここ7-1では，子どもたちの成長発達を支えるための，保育・教育と福祉の協働についてみていくことにします。

1　児童虐待に対する教育・福祉の協働

(1) 児童虐待における学校の役割
　保育・教育現場と福祉機関が協働する必要がある問題として，まず挙げられるものに児童虐待があります。近年，わが国では児童虐待が大きな社会問題となっています。厚生労働省によると，2015年度には103,260件の児童虐待が報告され，その数は年々増加しています（図7.1.1）。
　こうした児童虐待問題に対する学校の役割が明確化されたのは，2004年の改正児童虐待防止法においてでしょう。同法律で盛り込まれた学校の役割について具体的にみると，①学校という組織自体に対する早期発見努力義務（第5条第1項），②学校による通告後の支援（第5条第2項），③児童及び保護者に対

7-1 保育・教育と子ども家庭福祉

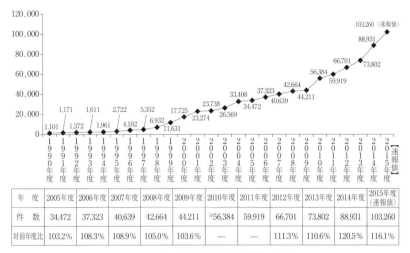

図7.1.1 児童虐待相談対応件数の推移
(注) 2010年度の件数は，東日本大震災の影響により，福島県を除いて集計した数値。
(出所) 厚生労働省「平成27年度 児童相談所での児童虐待相談対応件数(速報値)」

する児童虐待防止の教育又は啓発義務（第5条第3項），④継続的な安全確認（第8条第1項，第2項），⑤上記①から④を行うための教職員に対する一般的な研修（第4条第2項）および専門的な研修（第4条第3項），⑥児童虐待を受けた子どもの学業の遅れに対する支援，進学・就職の際の支援（第13条の3第3項，第4項）が明記されました。また，文部科学省では，この児童虐待防止法の改正を受けて，各都道府県および各指定都市教育委員会に対して「学校等における児童虐待防止に向けた取組の推進について」(2006)や，「児童虐待の防止等のための学校，教育委員会等の的確な対応について」(2010)を通知しています。これによると，①児童虐待の早期発見，②児童虐待の早期対応，③通告後の関係機関との連携を学校の対応としています。

このように児童虐待において学校が重要な役割に位置づく理由としては，学校の持つ特性が大きく関係しています。「学校等における児童虐待防止に向けた取組について（報告書）」（学校等における児童虐待防止に向けた取組に関する調査研究会議，2006）によると，学校には，次の5つの特性があるとされてい

ます。

　①学校が，全国に約5万校（幼稚園・小学校・中学校・高等学校・特別支援学校）存在しており，その他の児童福祉施設，保健・医療施設又は警察関係機関等と比べても，その量的規模が圧倒的に大きいこと

　②学校には，免許を持ち，然るべきトレーニング（養成及び研修）を経た教師（全国約百十万人（幼稚園・小学校・中学校・高等学校・特殊学校））がおり，その他の児童福祉施設，保健・医療機関又は警察関係機関等における関係職員数と比べても，その人的規模が圧倒的に大きいこと

　③学校は，子どもがその一日の大部分を過ごす場所であり，教職員は日常的に子ども達と長時間接していることで，子ども達の変化に気づきやすい立場にいること

　④学校の教師は，1人で対応する必要はなく，養護教諭，生徒指導主事，学年主任，教頭，校長，スクールカウンセラー等の異なる知識・経験・能力を持った教職員集団がいて，困ったことがあれば，複数で「チーム」となって課題解決に当たることができること

　⑤『子どもの教育を担っている』という大義名分や保護者に対して働きかけをする事ができること

（2）早期発見と対応

　児童虐待における学校の役割として，まず大切なことは，児童虐待の早期発見と早期対応です。学校は，子ども家庭にもっとも身近な社会資源であり，子どもが長時間を過ごす場であるため，児童虐待を発見しやすい立場にあります。東京都保健福祉局の調査によると（2005年），児童虐待の第一発見者として，学校は19.1％と「近隣知人」に次いで2番目に高い割合となっています（図7.1.2参照）。また，保育所・幼稚園も7.7％であり，さまざまな公的機関の中でも，学校，幼稚園・保育所といった保育・教育機関における虐待の発見率が高いことが理解できます。

　児童虐待に対しては少しでも早く発見し，対応することが何よりも重要です。

7-1 保育・教育と子ども家庭福祉

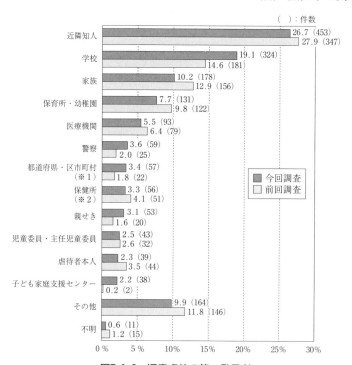

図7.1.2 児童虐待の第一発見者

(注) ※1：区市町村の保健センター等を含む。
※2：都及び特別区保健所
(出所) 東京都保健福祉局（2005）

現在は児童虐待かどうか確信がもてない場合でも通告することが認められています。学校だけで抱え込まず児童相談所や福祉事務所等の専門機関，あるいは市区町村の担当課に相談することが重要です。通告相談が遅れ，虐待が進むと子どもに危害が加えられるだけではなく，問題が複雑化したり，さらに親子関係が悪化するなど，その後の関係修復が困難となります。また，子どもや家庭の状況はその都度変化するため，関係機関との連携は通告の後も継続的に行う必要があります。

(3) 虐待の予防と見守り

もちろん児童虐待における学校の役割は、早期発見・通告だけではありません。児童相談所に通告や相談があった児童虐待ケースの9割は、在宅での支援（定期的な面接や家庭訪問など）を受けており、子どもたちは家庭から園や学校に通っています。そのため園や学校は、地域の関係機関（児童相談所等）と役割を分担し、協働しながら、子どもと親の状態を見守り、何かあったときは早期に対応する重要な役割があります。教育の場につながっていると、毎日の子どもの状態が把握でき、保護者も家庭内で孤立することはありません。園や学校はあくまでも子ども・家庭の味方という立場で、保護者と子どもが安心して通学・通園してくる場にすることが大切です。保護者が子どもを通学・通園させなくなった場合は、危険が大きくなるので十分注意が必要です。

(4) 児童相談所との連携の実際

児童虐待を解決・支援していくためには、学校と児童相談所とが密接に連携をとることが重要です。しかし、高良（2008）が児童相談所の児童福祉司を対象に実施した調査では、小学校との連携に関して、9割以上が虐待に関する情報収集や虐待の早期発見のメリットを感じていると回答したものの、学校との連携に関しては難しいと感じているとの回答が52.7％と半数を越えています。このように、学校と児童相談所との連携は必ずしも円滑に進められていない実態があります。同調査では、小学校との連携が困難な原因として、①児童相談所の機能に関する教職員の無理解、②虐待に関する教職員の認識の低さ、③価値観の相違が上位3つで、双方の多忙さ、個人情報の取り扱いの難しさなど関係機関の努力だけでは解決できない問題や、教職員の対応の鈍さ、小学校における窓口となる担当者の不在など学校のもつ課題も挙げられています。一方で、小学校教師を対象とした調査では、虐待対応に関して、児童相談所をはじめとする関係機関の対応や動きの鈍さにストレスを感じているとの報告もあります（玉井，2007）。

こうした調査から言えることは、関係機関との連携においては、まずは、互

いの専門性，支援目的等を理解し合うことの大切さです。互いの専門性や役割をよく理解していないと，連携の目的について共通理解が得られず，相談内容に応じた適切な支援へとつながらないため，連携先の専門性についてしっかりと理解することが大切です。また，学校は，関係機関に対し支援を依頼するだけではありません。支援の主体はあくまで子どもが在籍している学校にあることを認識し，関係機関と協働的にかかわっていく視点をもつことが大切です。以下に，連携の際の留意点を示します（国立教育政策研究所，2011）。

①教職員は関係機関のできること，できないことを理解する。

②学校は伝聞情報に左右されないように，問題行動の事実確認を行い，情報を共有する。

③学校は児童生徒の抱える課題やその要因に対するアセスメントを行い，学校としての短・長期的な指導方針や期限，役割分担などを明確に示す。

④校長，副校長，教頭，主幹教諭，生徒指導担当，教育相談担当，特別支援教育コーディネーター，学年担当，養護教諭，担任やスクールカウンセラー，スクールソーシャルワーカーなどが「チーム」として組織的に児童生徒や保護者に対応する。

⑤情報の集約やケース会議の運営，さらに外部との連絡の窓口など，中心的な役割を担う教職員を明確にする。

⑥管理職は関係機関との連携について理解し，判断を行う。

（5）要保護児童対策地域協議会

こうした関係機関における連携の課題を改善する対策の一つとして，「要保護児童対策地域協議会」があります。要保護児童対策地域協議会とは，地域の児童関係機関（行政，児童福祉施設，学校，医療機関，警察など）が連携を図り，被虐待児など要保護児童等に関する情報の交換や支援方針を協議する機関です。2004年の児童福祉法の改正により，要保護児童対策における体制強化を図るために法的に位置づけられました（児童福祉法第25条の2第1項）。2007年には厚生労働省による「児童相談所運営指針等の改正について」の通知の中で，虐待

第 7 章 保育・教育と他領域の協働

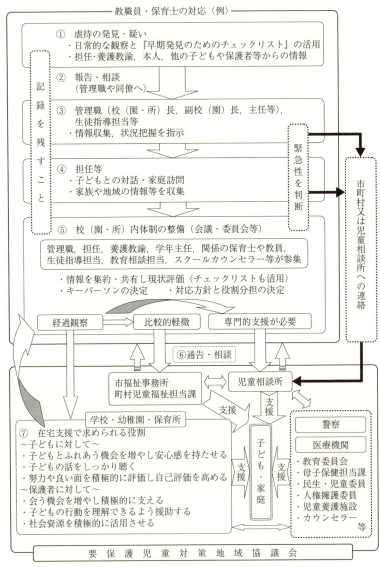

図7.1.3 保育所・幼稚園・学校における対応の流れ（フローチャート）
（出所）　大分県・大分県教育委員会（2012）

事例について関係機関相互における情報共有の徹底を掲げ，児童相談所と要保護児童対策地域協議会（市町村）との連携の強化を掲げています。要保護児童対策地域協議会の主な目的は次のとおりです。

①要保護児童等の早期発見につながる
②要保護児童等に対し，迅速な支援を開始できる
③情報の共有化が図られ，各機関の役割分担について共通の理解を得ることができる
④役割分担を通じて，各機関の責任が明確になり，一貫した支援につながる
⑤機関の限界や大変さを共有できる

要保護児童対策地域協議会は，原則として参加メンバー間の意見調整，協働，合意により，その後の対応や支援内容が決する仕組みといえます。そのため，円滑に機能すれば，それぞれの専門家による多面的な観点から，当該の子ども・家庭の状況に応じた，よりよい支援が可能となります。同協議会には，学校等も個別ケース検討会議に参加することがあり，児童虐待解決に向けて，関係機関との連携がより進むことが期待されます。図7.1.3に児童虐待への学校等の対応と要保護児童対策地域協議会の位置付けを示します。

2　配慮を必要とする子どもの支援に関する保育・教育と福祉の協働

（1）配慮を必要とする子どもの支援

近年，保育・教育現場では，発達障害とその周辺に属する，いわゆる「配慮を必要とする」子どもへの支援が大きな課題となっています。「配慮を必要とする」子どもの明確な定義はありませんが，これまでの知見から「発達障害児を含めた，保育現場で保育者が気がかりになる子ども」（日高・橋本・秋山，2008）などととらえられています。

文部科学省（2012）は，小中学校の通常学級に在籍する児童生徒のうち，発達障害またはその特徴が疑われるものが6.5％であることを報告しています。また，幼稚園，保育所については，文部科学省による公式な資料はないものの，

第7章 保育・教育と他領域の協働

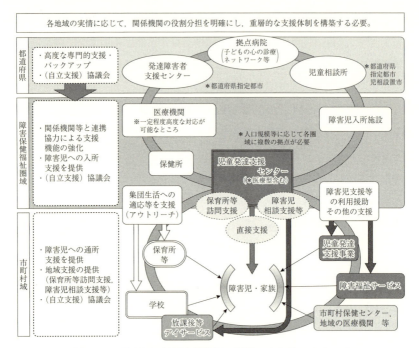

図7.1.4 障害児の地域支援体制の整備の方向性のイメージ
（出所）厚生労働省（2014）

　多くの研究者の調査により，「配慮を必要とする」子どもが一定の割合で保育現場に存在することが明らかになっています（たとえば，平野・水野・別府ほか，2012）。こうした「配慮を必要とする」子どもの支援においては，教育・福祉・保健・医療の各機関が連続的で密接な連携をとる中で，早期発見・療育・保育・教育・生活支援の一貫した対応を行うことが求められています。図7.1.4は，2014年に「障害児支援の在り方に関する検討会」（厚生労働省）が示した障害児の地域支援体制のイメージです。とりわけ，障害児支援において，児童発達支援センターが果たす役割への期待が大きいことがわかります。ここでは，幼児期と学童期に分けて，保育・教育と児童発達支援センターの連携についてみていくことにします。

（2）乳幼児期における児童発達支援センターと保育の連携

　児童発達支援センターは，主に幼児期までの子どもを対象とし，児童発達支援として，子どもや保護者に対して個別支援や親子あそび支援などの療育を提供します。利用の仕方は，家庭の状況や子ども自身の障害の程度によってさまざまです。週に5日間利用することもあれば，週に1日療育を受け，他の日は幼稚園や保育所を利用することもあります。

　また，2012年の児童福祉法改正において，地域における障害児支援の一環として，「保育所等訪問支援」が創設されました。この保育所等訪問支援は機関間の連携を促す事業です。保育所等に通う障害児について，児童発達支援センターの職員が当該施設を訪問し，当該施設における障害児以外の児童との集団生活への適応のための専門的な支援を提供することが主な目的です。

　この制度は，保育所だけでなく，幼稚園，認定こども園など，乳幼児期の子どもが集団生活を営む施設として地方自治体が認めた施設が対象となっており，障害児支援における保育・教育現場と福祉機関の大切な連携の機会となっています。

（3）学童期における教育と福祉の連携

　学童期以降の障害児支援サービスは，乳幼児期に比べ少ないのが現状です。そのような中で，2012年の児童福祉法改正により，児童発達支援センターを中心に，放課後等デイサービスの事業が開始されました。これは学校（幼稚園および大学を除く）に就学している障害児について，授業の終了後又は休業日に児童発達支援センター等の施設に通わせ，生活能力の向上のために必要な訓練，社会との交流の促進その他の便宜を供与することを目的とした事業です。就学後に少なくなる子どもの発達支援を担う場として期待されています。

（4）専門機関との連携と保護者への対応

　発達障害が疑われる場合，療育などの専門機関との連携が大切になります。しかし，早期に療育機関へつなげるべきとの使命感から，保育者・教師が一方

的に働きかけすぎると、保護者の不信感や怒りを招き、結果として保護者との関係が悪化することがあります。保護者が自分の子どもに何らかの障害があると気づき、それを受け入れていくには時間がかかることを忘れてはいけません。また、療育などの専門機関につなぐときは、子どもや保護者にとってメリットが必要です。発達障害が疑われても、日常の保育・教育で対応が可能なケースであれば、無理に受診を勧める必要はありません。

　しかし一方で、通常の保育や教育だけでは子どもに必要な支援を十分にできないと感じられる場合、子どもの困り感が大きい場合などは、「様子を見ましょう」と先送りするのではなく、医療機関や療育機関へつなげることが大切となります。保護者が一歩踏みだし医療、療育などで相談を始めると、その保護者の周りに何重もの支援の輪が成立し、その結果、子どもへの理解と今後の見通しができて、保護者の迷いや不安などを軽減させることがあります。

（5）教育・福祉の連携における今後の課題

　このように現在は、配慮を必要とする子どもの支援は、児童発達支援センターを中心とした福祉機関と教育・保育現場の連携が強く求められるようになっています。しかし、現状としてその連携が円滑にされているとはいえない側面もあります。たとえば、「保育所等訪問支援」については、人員や予算の関係から、個々の保育施設を訪問できる機会は限られており、継続した支援につながりにくい現状があります。またこの訪問支援は、幼児期だけではなく、小学校や特別支援学校もその対象とされていますが、現在はまだ連携の取り組みが進んでいないのが実情です。さらに「児童発達支援」において、児童発達支援センターと保育施設を併用している子どもの場合、センター職員と保育現場の保育者による密接な連携が子どもの支援にとって重要ですが、時間の制約など物理的な面を含め連携が図れているとは言い難い面もあります。同様のことが「放課後等デイサービス」と学校の連携にも言えます。配慮を必要とする子どもへよりよい教育・保育環境をつくるためには、関係機関同士の意識と密接に連携を取れるための仕組みづくりが課題と言えるでしょう。

3 教育とスクールソーシャルワーカー(SSW)の連携

(1) スクールソーシャルワーカー(SSW)とは

　ここ7-1の最後に,近年教育現場に新たに配置された福祉の専門家との協働についてみていくことにします。近年,学校におけるいじめ,不登校,暴力行為等の子どもの問題行動や児童虐待などへの対応において,福祉的な視点から支援を行うスクールソーシャルワーカー(SSW)が配置されるケースが増えてきました。スクールソーシャルワーカーは,学校現場において子どもや家庭,教師を支援するだけでなく,児童相談所との連携など,子どもを取り巻くさまざまな環境面に働きかけることで,問題解決を図る福祉の専門家です。原則,社会福祉士や精神保健福祉士などの資格が必要とされますが,臨床心理士や退職教員がその任に就いているケースもあります。現在は,教育委員会等に非常勤として配置され,依頼を受けて学校現場に派遣されています。

　学校現場に,スクールソーシャルワーカーが導入されたのは,文部科学省が2008年度から「スクールソーシャルワーカー活用事業」を開始して以降です。現在では,後述する(7-3参照)スクールカウンセラーと同様に「学校・家庭・地域の連携協力推進事業」の一部の事業となっています。しかし,今現在はまだその知名度も低く,全国に1,000名程度の配置と,小規模の事業となっています。

(2) スクールソーシャルワーカーの活動の展開

　現在,スクールソーシャルワーカーは,いじめ,不登校,児童虐待などの問題のほかに,新たに「子どもの貧困」への対応策の一つとしてその役割が期待されています。

　厚生労働省(2013)によるとわが国における子どもの貧困率は近年上昇しつづけており,2012年時点で16.3%と,およそ6人に1人が「子どもの貧困」状態にあると言われています(第3章参照)。子どもの貧困問題は,子どもの教

育にも大きな影響をもたらします。2013年全国学力テストの結果においても，子どもの正答率と親の世帯年収や学校外教育に関する投資の有無には一定の相関関係があります。また，親の経済的困難がその子どもの学歴や就業機会において，さまざまな不利益を子どもにもたらし，その不利益が長期間固定化され，次の世代に引き継がれるという貧困の連鎖という問題を生じています。

　こうした子どもの貧困に対応するために，2013年に「子どもの貧困対策法」が成立し，貧困の連鎖を防ぐための対策を国の責務としました。また，これにもとづいて内閣府は「子どもの貧困対策大綱」を作成し，教育・学習の支援，生活支援，保護者の就労支援などを行っています。その大綱の重点政策の一つとして，貧困問題に関する専門職としてのスクールソーシャルワーカーの活用が挙げられました。具体的には，もし家庭の貧困が問題の背景にある場合には，経済状況を改善するため，ハローワークと連携して保護者に仕事を紹介したり，生活保護の申請を支援するといった，家庭と行政機関のコーディネートをする役割などが期待されています。学校を拠点として家庭への支援を広げていこうと，大綱では，現在，全国でおよそ1,000人いるスクールソーシャルワーカーを2013年度から5年間で，10倍の1万人に増やす方針が打ち出されました。こうしたことからも，今後，教育現場において教師がスクールソーシャルワーカーと連携をとる場面は確実に増えると言えるでしょう。子どもの貧困問題，児童虐待，いじめ，不登校など，今教育の現場が抱えている子どもと家庭に関する問題に，よりよく対応していくためには，スクールソーシャルワーカーの役割や専門性を教師が理解することが大切です。

（3）学校内教育相談体制の構築

　スクールソーシャルワーカーの活用に関して，一番大切なことは，まず教師がスクールソーシャルワーカーの専門性や役割を理解することです。スクールソーシャルワーカーは，社会福祉的専門性から学校組織・ケース支援へのコンサルテーションを行い，学校における子どもへの円滑な教育が可能となるよう，具体的で効果的な手立てを提供します。その役割としては ①問題を抱える児

童生徒が置かれた環境への働きかけ ②関係機関等とのネットワークの構築・連携・調整 ③学校内におけるチーム体制の構築・支援 ④保護者・教職員等に対する支援・相談・情報提供 ⑤教職員等への研修活動の5つが挙げられています（文部科学省，2008）。具体的には，スクールソーシャルワーカーは学校を拠点にしながらも，外部の行政機関とも連携を取り問題の解決に当たります。学校では生徒指導委員会に出席したり，担任教師から聞き取りをしたりして子どもの状況を把握し，ケース会議などを通して，福祉的な側面からの支援策を提案します。とくに学校と関係機関などが協働していくための調整役，また，家庭と学校，関係機関のつなぎ役としての機能が期待されています。

こうしたスクールソーシャルワーカーの専門性と役割を教師がよく理解し，より質の高い校内教育相談体制の構築に向け，組織的に取り組むことが必要です。そのことがさまざまなニーズを持つ子ども家庭に対する学校の対応力を格段に向上させるでしょう。

児童虐待や発達障害児への特別支援，不登校やいじめ，学級崩壊など子どもにかかわる多くの児童福祉的な課題がある現在，こうした問題と保育教育現場は切っても切り離せない密接な関係にあります。保育・教育者がこうした児童福祉問題に対応する専門性をもつ関係機関や専門家と協働する意義や必要性について理解することは大切なことです。

また，これからの保育・教育者には，後述するスクールカウンセラーなどの心理士，養護教諭，また保健や医療なども含め，さまざまな専門性を保育教育の場でどのように活用するか，どのように協働する必要があるかなど，保育教育の実態に応じ，より有効な連携体制を確立していくための方法論についても考えていく必要があると言えるでしょう。

 〈もっと詳しく知りたい人のための文献紹介〉

大田なぎさ『スクールソーシャルワークの現場から──子どもの貧困に立ち向か

第 7 章　保育・教育と他領域の協働

う』本の泉社，2015年。
　⇨著者が日々かかわる子どもや保護者との実践事例をもとに，スクールソーシャルワーカーの活動を紹介しています。学校の関係者との関係づくりなど，他職種との協働にもふれた書籍です。

〈文　献〉

学校等における児童虐待防止に向けた取組に関する調査研究会議「学校等における児童虐待防止に向けた取組について（報告書）」2006年。http://www.mext.go.jp/a_menu/shotou/seitoshidou/06060513/001/003.htm（2016年10月31日閲覧）

国立教育政策研究所「学校と関係機関等との連携──学校を支える日々の連携」2011年。http://www.nier.go.jp/shido/centerhp/4syu-kaitei/4syu-kaitei.htm（2016年10月31日閲覧）

高良麻子「児童虐待におけるスクールソーシャルワーカーの役割に関する一考察──児童相談所と小学校との連携に注目して」『学校ソーシャルワーク研究』第 3 号，2008年，pp. 2-11.

厚生労働省「国民生活基礎調査の概要　Ⅱ各種世帯の所得状況」2013年。http://www.mhlw.go.jp/toukei/saikin/hw/k-tyosa/k-tyosa13/dl/03.pdf（2016年10月31日閲覧）

厚生労働省「「今後の障害児支援の在り方について（報告書）〜「発達支援」が必要な子どもの支援はどうあるべきか〜」の取りまとめについて」2014年。http://www.mhlw.go.jp/stf/shingi/0000050945.html（2017年 1 月11日閲覧）

厚生労働省「平成27年度　児童相談所での児童虐待相談対応件数（速報値）」2016年。http://www.mhlw.go.jp/stf/houdou/0000132381.html（2016年10月31日閲覧）

文部科学省「学校等における児童虐待防止に向けた取組の推進について（通知）」2006年。http://www.mext.go.jp/a_menu/shotou/seitoshidou/04121502/051.htm（2016年10月31日閲覧）

文部科学省「スクールソーシャルワーカー活用の視点」2008年。http://www.mext.go.jp/b_menu/shingi/chukyo/chukyo3/052/siryo/__icsFiles/afieldfile/2015/05/07/1357412_03_1.pdf（2016年10月31日閲覧）

文部科学省「文部科学省委託研究「平成25年度全国学力・学習状況調査（きめ細かい調査）の結果を活用した学力に影響を与える要因分析に関する調査研究」

（国立大学法人お茶の水女子大学）―平成25年度全国学力・学習状況調査「保護者に対する調査」―及び「教育委員会に対する調査」結果について」2014年。http://www.mext.go.jp/b_menu/houdou/26/03/1346323.htm（2016年10月31日閲覧）

文部科学省「児童虐待の防止等のための学校，教育委員会等の的確な対応について」2010年。http://www.mext.go.jp/a_menu/shotou/seitoshidou/04121502/1310049.htm（2016年10月31日閲覧）

文部科学省「通常の学級に在籍する発達障害の可能性のある特別な教育的支援を必要とする児童生徒に関する調査結果について」2012年。http://www.mext.go.jp/a_menu/shotou/tokubetu/material/1328729.htm（2016年10月31日閲覧）

日高希美・橋本創一・秋山千枝子「保育所・幼稚園における「気になる子どものチェックリスト」の開発と適用」『東京学芸大学紀要総合教育科学系』第59巻，2008年，pp. 503-512。

平野華織・水野友有・別府悦子ほか『幼稚園・保育所における「気になる」子どもとその保護者への対応の実態――クラス担任を対象とした調査をもとに（第2報）』中部学院大学・中部学院大学短期大学部研究紀要，第13号，2012年，pp. 145-152。

大分県・大分県教育委員会「教職員・保育従事者のための児童虐待対応の手引き」2012年。http://www.pref.oita.jp/uploaded/life/269071_303057_misc.pdf（2017年1月11日閲覧）

玉井邦夫『学校現場で役立つ子ども虐待対応の手引き――子どもと親への対応から専門機関との連携まで』明石書店，2007年。

東京都保健福祉局「児童虐待の実態Ⅱ――輝かせよう子どもの未来，育てよう地域のネットワーク」2005年。http://www.fukushihoken.metro.tokyo.jp/jicen/gyakutai/index.files/hakusho2.pdf（2016年10月31日閲覧）

7-2
保育・教育と保健・医療

1 乳幼児期の保育と保健・医療

　乳幼児期の保育では，その多くの時間を集団の中で過ごすことになります。集団生活の中でとくに留意が必要なことは，子どもの健康と安全を守ることです。当然のことながら，保育者には保育の知識だけでなく，病気の知識や適切な対処をするための技術が必要になります。また園で解決できない問題に関しては，関係諸機関との連携も必要でしょう。本節では，安全で健やかな保育活動を送る上での，関連諸機関との連携について述べます。

（1）幼稚園や保育所での保健・衛生
　幼稚園は学校教育法に定められた「学校」ですが，養護教諭は必要時配置するとされています。また保育所においては明確な看護師の配置基準はありません。よって保育現場における保健・衛生の実質の対応者は保育者であると言ってもよいでしょう。そこには病気やけがに対応するという行為だけでなく当然のことながら責任もともなってきます。
　幼稚園・保育所における保健・衛生の基本的考え方や対応については，幼稚園では学校保健安全法に，保育所では「保育所保育指針」に示されています。保育中に体調不良や傷害が発生した場合は，「保護者」に連絡し適宜「嘱託医」または「かかりつけ医」と連携し適切な処置をすると「保育所保育指針解説書」（厚生労働省，2008）の中には述べられており，医療との連携は日常保育の中でも行われています。また，保育の現場では，第一の目的である「保育」と

同時に、「保健・衛生」の判断や対応をその都度していかなければなりません。ときには保育中であっても待ったなしの瞬間的な判断と行動を求められることもあります。それでは、保育者に求められる保健・衛生の知識とポイントを次に述べたいと思います。

まずはじめに保育者は、担当している子どものさまざまな健康上の背景を把握しておかなければなりません。ときにその情報がファーストエイド（第一処置）を左右する場合もあります。とくに家族歴（遺伝性疾患の有無等）、既往歴（すでに罹患した病気）、予防接種や乳幼児健康診査の結果を把握しておくことはとても大切です。

家族歴・家族背景

家族歴とは、家族性疾患や遺伝病など家族の中に生じる病気を指します。とくに子どもの場合、主に肥満、小柄、遺伝病などの家族性疾患の有無を把握することも重要でしょう。また家族背景とは現在増え続ける一人親家庭（母子・父子家庭）や再婚家庭（ステップファミリー）などを含み、ときにメンタルケアが必要になることがあります。また、両親はそろっていても進む核家族化の中、両親共働きの家庭も多く、十分な育児家事の時間を確保することも難しい現状があり、夜型の生活環境も見られるでしょう。そのような家庭環境において朝食欠食の子どもを目にすることも多くあります。さらには国際化する現代日本において国際結婚により、外国人の保護者も増えてきました。たとえば日本では健康増進や転倒予防のために実施されている裸足保育ですが、外国文化では「靴下を履くのが礼儀」として習慣も大きく違うものです。これらの情報は入園児家庭調査票などから読み取る必要があります。入園児家庭調査票とは、新入園児の健康状態を把握するための調査票であり保護者が記入します。健康情報（既往歴や予防接種歴など）に加えて、保育施設での急な疾病やケガなどに対応するために必要な情報（緊急連絡先やかかりつけ医など）を聴取するための資料です。

既往歴・出生時の状況把握

近年では高度生殖医療・新生児医療の技術発展により今までは生存不可能と

された子どもが育つ時代になってきました。それらの恩恵により成長を遂げた子どもはやがて集団教育の場に入ります。保育者にとって，これらの子どもの出生時の状況等を把握しておくことはとても重要です。

またさまざまな病気を抱えたまま入園する子どももいます。口蓋裂・鼠径ヘルニア・心室中隔欠損症・扁桃肥大などの病気は子どもの発育発達に応じた適切な時期に，あるいは子どもの長期休みを利用して，手術などを計画している場合もあります。近年では医療現場も大きく変革し，在院日数（入院できる日数）の短縮化にともない，手術後間もない子どもが登園してくることも多くなりました。それぞれの病気，術式，術後合併症，術後の留意事項などを把握することは大変難しく，このような場合にも保護者を介して医療と連携することは，保育者にとって非常に重要なことです。

日常的な外傷・疾病の対応

保育活動中には，頭を打った，はさみで指をきった，転んでひざを擦りむいた，子ども同士でかみついた，ドアに指を挟んだなど日常的に外傷の対応を求められることも少なくありません。さらに緊急性を有する場合もあります。2012年，学校給食を食べた児童が食物アレルギーによるアナフィラキシーショックを起こし残念な結果となったことは記憶に新しいかもしれません。食物アレルギーだけではなく，けいれんや意識障害などの緊急事態も保育活動中に起こることがあります。もちろんこれらの緊急事態についても他の保育者・職員と連携しながら対応しなければなりません。そのためには日頃から同僚性をよくし，円滑な人間関係を構築しておくことが重要であると言えるでしょう。さらには，食物アレルギーのアナフィラキシーショック，けいれん重積発作など命にかかわるような緊急対応の必要な病態は，保護者はもとより，地域消防機関・学校医（園医，嘱託医）・かかりつけ医院（病院）など，医療との連携が大変重要になってきます。保育者からすると，これらの専門機関との連携は「敷居が高い」という印象を持ちがちですが，そのようなことはありませんので，適切な連携を持ち，日頃から必要な情報を共有することは大切なことです。

感染症の対応では，学校保健安全法施行規則にもとづく出席停止期間を遵守

する必要があります。水痘・インフルエンザ等急性の感染症流行時には，病気の症状を見極める力が保育者には必要になります。疑わしい症状を発見した場合には子どもを保育室から保健室（休養室）へ隔離措置をとることもまた，他の子どもを感染から守るために必要な技術の一つと言えるでしょう。くわえて地域の感染症流行状況を把握しておくことも，流行予防に有益です。国立感染症研究所感染症疫学センター[1]や，各都道府県の感染症情報WEBサイトなどを有効利用したいものです。

病児の保育

時代の変化とともに女性の就労率も上昇し，働きながら子育てをしている保護者も多くなりました。乳幼児期の子どもは感染症に罹患しやすく，保育所や幼稚園に登園できない日もあります。しかしながら仕事をもつ保護者は，子どもが病気になったからといって，自身の仕事を休業できない場合もあり，親族などの協力も得られない場合には「病児保育」を利用することになるでしょう。厚生労働省は「病児・病後児保育事業実施要綱」を発表し，病児保育にかかる事項を詳細に述べています。幼稚園や保育所に勤務する保育者は病児保育施設の存在や利用開始方法，利用開始条件などを熟知し，保護者へ知らせる役割があります。また一方で，これらの病児保育施設に勤務する保育者も存在し，保育者には，すでに述べたように子どもにかかわる情報（家族歴や既往歴など）をより医学的に判断していく高度な専門性が求められていると言ってもいいでしょう。

地域子育て支援

幼稚園は学校教育法に，保育所は児童福祉法に，地域の子育てを支援することに努めることが定められています。地域に暮らす未就園の子どもと保護者に対して，発育発達の評価，育児の方法，卒乳時のアドバイスや乳腺炎の予防，皮膚トラブルの対処法や便秘の対処法など，健康上の疑問に対して助言する場面があります。育児ノイローゼの傾向のある母親に対する支援や，場合によっ

（1）http://www.nih.go.jp/niid/ja/from-idsc.html（2017年3月10日閲覧）

ては専門機関や行政機関へつなぐ役割も保育所や幼稚園では担っています。前述の病児の保育と同様に，地域子育て支援においても医学や子育て支援の専門的知識が保育者には求められます。

（2）幼児期の保健・医療と保育者の協働（3歳児以降を中心に）

学校健診

　幼稚園は学校保健安全法で，保育所も同法に準じて健康診査が実施されます。幼稚園では年に1回，保育所では少なくとも年に2回の健康診断が実施されています。いずれにしても園における健康診断の目的および役割は，一般に2つ掲げられます。一つ目は，子どもの健康の保持増進を目的とし，集団生活をおくる上で，疾病をスクリーニングし健康状態を把握するという役割です。2つ目は，園における健康課題を明らかにして健康教育に役立てるという役割があります。そしてもう一つ，近年の新たな役割として，家庭での養育状況の把握ができることも，健康診査の近年の新たな役割だと考えます。極端なやせ，または肥満に加えて，尿検査・蟯虫検査でも異常所見がみられ，歯科健診でも虫歯が多いという場合には，不適切な養育あるいは，ネグレクト（医療ネグレクトも含む）も念頭においておかなければなりません。健康診断は限られた時間の中で行うため，保育者が事前に保健調査等で子どもの健康状態を把握し，園医・学校医・学校歯科医に伝えることが非常に重要です。前述の，既往歴・家族背景・出生時の状況などを把握しておくことは健康診断の場面でも非常に重要であることがわかります。

保健指導・健康教育

　小学校，中学校，高等学校においては保健だよりの作成は主として養護教諭の職務範疇でしょう。しかし養護教諭のいない保育施設では，保育者による作成が必要です。保健だよりは誰が読んでもわかるように，根拠を示して記述する必要があります。保育施設における保健だよりは，学校とは異なり保護者を対象として記述します。小さい子どもとかかわる経験のないままに親になった保護者も多く，家庭看護の基本的な知識のない保護者も増えています。保健だ

よりはそのような保護者にとって知識を獲得するツールの一つでもあるため，保健教育の場になり，有効活用するべきであると考えます。

また3歳以降の子どもに対しては「自分の健康に関心を持ち，病気の予防などに必要な活動を進んで行う」という保育のねらいのもと健康教育を行います。具体的には衛生教育（手洗いや歯みがき），健康教育「食べ物がウンチになるまで」「食物アレルギーのはなし」など自分で健康を守ることを保育者が教えることであり，子どもの人生の基礎となる生活習慣になるので大変重要な責務であると考えます。教育内容によっては，学校歯科医（歯科園医）との協働によって健康教育を実施することもあるでしょう。

就学前健診の活用（発達障害の早期発見）

近年注目されている発達障害について，重要となるのは，障害の早期発見です。とくに発達障害では社会性の部分で顕著な症状を呈します。しかしながら1歳6か月児，3歳児健康診査においては，診断に結び付きにくいものです。現在多くの自治体で実施されるようになった就学前健康診査は小学校入学前の最後の専門機関による健康診査とも言われています。問診が中心の健康診査であり，社会性の発達を診ていくものです。ここでは（主催自治体にもよるが）保護者用問診票と保育者用問診票の2種類が準備されている場合もあります。保護者は誰しもわが子の社会性の発達について「問題はない」と思いたいものです。保育者用問診票は子どもの社会性の発達を見極める重要な判断材料となります。よって保育者は，子どもの発達について熟知しておく必要があります。健康診査を担当する行政の医師や保健師は保育者の意見を大変重要視しています。保育者に課せられた社会的責任は大きいと言えるでしょう。

食物アレルギー死亡事故を受けて

2012年，学校給食を食べた児童が食物アレルギーのアナフィラキシーショックを起こし死亡するという痛ましい事故が学校現場で起きました。この児童はアナフィラキシーショック対応のアドレナリン自己注射（エピペン®）を持参していましたが，すみやかに児童に接種されることはなく尊い命が亡くなりました。2008年に，日本学校保健会（文部科学省監修）は「学校のアレルギー疾

患に対する取り組みガイドライン」に「アナフィラキシーの救命の現場に居合わせた教職員が,「エピペン®」を自ら注射できない状況にある児童生徒に代わって注射することは…(中略)…医師法違反にならない」とする見解を示しています(日本学校保健会,2008)。しかしながら,人体に薬液を注入するという行為は医行為であることには変わりありません。いま保育・教育の現場では,このように子どもの命を守るための医行為を保育者・教師が実施しなければならない時代になりました。その職務を全うするためには,日ごろからの訓練はもとより,研修会への参加など日々自己の知識と技術を高めておく必要があるでしょう。

他施設・他専門機関との連携窓口

　予防接種の接種忘れや,乳幼児健康診査の未受診者をスクリーニングすることは保育所や幼稚園が行政機関に代わって果たす重要な役割でしょう。とくに麻疹風疹混合ワクチン(MRワクチン)のような期間の定めのあるワクチンでは,担任教諭はその接種状況を把握し,未接種である場合には適切に保護者への助言を行う必要があるでしょう。乳幼児健康診査の未受診が続くような場合には虐待が疑われるケースもありますので,より注意が必要です。

児童虐待を発見したら

　保育所や幼稚園では,保育活動中に更衣をすることも多く,とくに保育所では沐浴をしたり,子どもの体を観察する機会も多くあります。もしも職務中に体のあざ等,虐待を疑う所見を発見した場合には,保育者個人で対応するのではなく,園全体で共通理解を図り組織的な対応を行います。この際,体表面のあざを見ても,何によってできたあざなのか,保育者には判断が難しい場合もあります。またあざの色調からどのくらいの日数が経過しているのかなど,専門知識が必要な場合もあります。このような判断に迷う状況のとき,園医と連携して対処することも可能です。

2 学童期の教育と保健・医療

　学童期には，乳幼児期に幼稚園や保育所で過ごすのと同様，一日の中で多くの時間を小学校で過ごすことになります。また，学年が上がると，宿泊学習等で家庭を離れて過ごすこともあります。このため，教師は子どもをよく観察し，一人ひとりの心身の状態を把握することとともに，病気や怪我に関する知識と対応のスキルが必要となります。また，日頃から緊急時における対応の準備を整えておくことも大切です。

(1) 学童期の子どもの健康問題

　学童期の子どもの健康問題の代表的なものは，以下のとおりです（文部科学省，2011）。

①感染症（インフルエンザ，感染症胃腸炎，麻しん，結核等）
②アレルギー疾患（アレルギー性鼻炎，アトピー性皮膚炎，気管支喘息，食物アレルギー，アナフィラキシー等）
③生活習慣病（高血圧，脳血管疾患，Ⅱ型糖尿病等）
④肥満
⑤心身症
⑥視力（裸眼視力0.1未満）
⑦むし歯，歯周病
⑧てんかん
⑨熱中症
⑩スポーツ外傷（つき指，捻挫，骨折）
⑪スポーツ障害（オスグッド病，野球肘）
⑫発達障害（広汎性発達障害〈Pervasive Developmental Disorders: PDD〉，学習障害〈Learning Disorder: LD〉，注意欠陥多動性障害〈Attention Deficit Hyperactive Disorder: ADHD〉，知的障害）

⑬うつ病と躁うつ病

　この他にも鼻・副鼻腔疾患，眼疾患，耳疾患，口腔咽喉疾患，心臓疾患，腎臓疾患等があります。これらのほとんどは後天性疾患（生まれた後に発症するもの）ですが，先天性疾患（生まれたときから存在するもの）のものもあります。

　文部科学省（2016）によれば，小学校では，「むし歯」が50.76％ともっとも多く，次いで「視力（裸眼視力1.0未満）」30.97％，鼻・副鼻腔疾患11.91％の順となっています。そして，前年度と比較し増加しているのは，「視力（裸眼視力1.0未満）」，気管支喘息，アトピー性皮膚炎，心電図異常です。また，近年では発達障害の診断を受けた子どもやその行動特性を持つ子どもの割合が確実に増えています。文部科学省が実施した調査（2012）によれば，LD のように学習面に著しい困難のある児童は4.5％，高機能自閉症や ADHD のように行動面に著しい困難のある児童は3.6％，そのいずれかもしくは両方に著しい困難のある児童は6.5％の割合で普通学級に在籍していると報告されました。ごく単純に考えるならば，40人の普通学級に特別な支援を必要とする児童が2～3人在籍していることになります。発達障害の特性は適切な対応や支援がなされれば，適応状態は改善していきます。しかし，児童の「わがまま」「努力不足」，保護者の「甘やかし」「しつけができていない」と誤った認識のもと適切な対応がされない場合，状態がまったく改善されない，それどころか二次障害として心理的問題（情緒不安，無気力，不登校等）を引き起こしてしまうことが多く見られます。

　小学校での授業や課外活動等における負傷，疾患の発生状況は，独立行政法人日本スポーツ振興センター（2016）によれば，負傷は，挫傷・打撲が123,771件（32.4％）ともっとも多く，次いで，骨折 88,979件（23.3％），捻挫 65,580件（17.2％）の順となっています。また，疾病では，異物の嚥下，接触性の皮膚炎，肺その他の内蔵疾患，脳・脊髄系の疾患等が発生しています。さらに，死亡事例は，8件（死因は突然死，頭部外傷，溺死，窒息死），障害事例は96件（外貌・露出部分の醜状障害，視力・眼球運動障害，歯牙障害，手指切断・機能障害等）となっています。

このように，学童期の子どもは多様な健康問題を抱えていたり，授業や課外活動において怪我をしたり，病気の症状が出現することがあります。そして，ときには深刻な状態を呈することもあります。

(2) 学校保健（養護教諭を含む）と教師の協働

小学校において児童の健康の保持増進を図り，健康な生活を送る実践力を養うための指導等，学校における保健管理と保健教育は学校保健と呼ばれ，学校保健安全法（2009年に学校保健法から改称）にもとづいて行われます。学校保健は，保健主事（保健に関する活動の調整を行う教師）や養護教諭が中心となって進めていきますが，日々児童と接し情報をもっとも豊富に得られる立場にある教師（とくに担任）の役割・責任はとても大きいものがあります。具体的には，児童の心身の健康問題の早期発見・早期対応にあたり重要な役割を果たす日々の健康観察，健康相談，保健指導，外傷・疾病の初期対応，学校環境衛生の日常的な点検などを適切に実施することが欠かせません。また，保健学習（授業）は，養護教諭と連携しながら実施していくことが求められます。

ここでは，学校保健における健康観察，健康相談，保健指導，外傷・疾病の初期対応に関する教師（とくに担任）の役割について，詳しくみていきます。

健康観察

教師によって行われる日常的な健康観察は，児童の心身の状況を把握することにより，心身の健康問題（いじめ，不登校，虐待等を含む）を早期に発見し，適切な対応を図ることを目的に行われます。これは，学級経営とのかかわりも深く，ひいては学校における教育活動を円滑に進めることにも役立つ重要な意義のあるものです。児童の心身の変化は，普段の様子を知らなければ気づくことができません。「いつもの様子」を理解しているからこそ，「いつもとは違う様子」を見極めることができることを念頭に置き，発達段階に応じた方法で行うことが大切です。

観察の場としては，登校時，朝の会，授業中，休み時間，給食時間，清掃活動，特別活動，帰りの会，下校時など，つねに観察できる場面があります。中

でも，登校時や朝の会の観察は，児童が一日の学校生活を健康な状態で過ごすことができるかどうかを把握する機会となります。同時に，日中，児童の様子に変化が見られた場合に，朝の心身の状態と比較することで，その状態がいつごろから起こっているのか（たとえば，朝は普段通りだったが2時間目以降に顔色が優れなくなったなど）を知ることが可能となり，養護教諭が病院受診の必要性の有無を見極める判断材料にもなります。また，児童は，場面ごとに表す行動が異なることがあります。たとえば，授業などの枠の決められた場面と休み時間などの自由に過ごせる場面，一人でいる場面と集団でいる場面，教室や廊下，校庭，体育館など場所の違う場面などです。場面の違いで観察される児童の様子は，心理的な問題などに気づくきっかけとなることがあるので，注意深く観察することが大切です。

　観察の視点は，顔色，声，表情や視線，姿勢，言動，行動，学習態度，仲間とのかかわり方（対人関係）などです。とくに，子どもは年齢が小さいほど良くも悪くも身体症状の進むスピードが早いものです。このため，対応が遅れると深刻な状態になることがあることを念頭に置き，細やかな観察を行い，子どもが表すサイン（小さな兆候）を見逃さないことが大切です。さらに，低学年の児童は，自分の身体の症状を的確に表現することができないものです。たとえば，おなかの一カ所に刺すような痛みがあってもおなか全体が痛いという表現に留まったりすることがあります。ですから，「どこがどのような状態なのか」を聞き取る技術を身につけることが必要です。また，子どもは心の不調を言葉で表現できないことが多く，腹痛や頭痛などの身体症状として出現したり，用もないのにたびたび保健室に行く等の行動で表すことがあるので，丁寧に観察することが求められます。ときには，作文や絵などに，直接表現できない気持ち（心）が表されることもあります。作文では文字の大きさやていねいさ，絵では色使いや描かれるもの等に注意を払うことが大切です。

健康相談，保健指導（個別）

　健康相談は，児童の心身の健康に関する問題に関して，相談を通して問題の解決を図るものです。そして，保健指導（個別）は，健康観察や健康相談で児

童に健康上に問題があると認められた際に,児童および保護者に対して必要な指導や助言を行うものです。保健指導には特別活動等で行われる集団に対するものもありますが,ここでは個別の保健指導について触れます。

健康相談・保健指導(個別)は,いずれも児童が学校生活によりよく適応していけるように支援をしていくものです。このため,養護教諭を中心として,担任等が情報を共有し,それぞれの視点からの見立てを行い,密に協働・連携をしながら適切な支援を実施することが大切です。そして,医療的な観点で健康相談・保健指導(個別)が必要な場合は,学校医・学校歯科医・学校薬剤師等につなげることが重要となります。その際,事前に知り得た情報を正確に伝え,結果については養護教諭や担任等は共通理解を図り,支援を進めていくことが必要です。

学童期では,児童が自己管理をすることが難しいこともあるため,担任が保護者と連絡を取ったり,面談を行う機会も多く,保護者との連携は不可欠です。このため,普段から保護者と良好な信頼関係を築くことを心がけながら接することが大切です。たとえば,欠席連絡の電話や連絡帳のコメントなどでかかわる際に,些細なことでもよいので学校生活での児童のよい情報を一言添えます。また,保護者の言葉に耳を傾け,子どもの学校とは異なる家庭での様子などについて把握することを心がけます。このような日々の小さな積み重ねがお互いの信頼感の基盤となり,保護者とのスムーズな連携につながっていくことを心得ておくことが必要です。

外傷・疾病の初期対応

前述したように,小学校での授業や課外活動等では,外傷・疾病が発生することがあり,程度も軽症から重症のものまでさまざまです。小学校では保健室が設置されているので,基本的には外傷・疾病の対応は養護教諭が行うことになります。しかし,担任は,授業や課外活動中,児童に起こった変化に真っ先に気づき,初期対応することが可能な立場にあります。このため,外傷・疾病の基本的な知識と技術を身につけておくことが求められます。

さらに,緊急を要する場合は,養護教諭がその場に駆けつけるまでの間,担

任が救急処置を行うことになります。児童の生命にかかわるような事態に直面することはめったにあることではありません。それだけにそのような事態に直面した場合，とっさに適切な対応をすることは難しいものです。担任として，いざというときに自信を持って対応するためには，心肺蘇生（心臓マッサージ，人工呼吸，AEDを用いた除細動等）を含む救命処置について，日頃から折に触れて復習する機会を持ち，確実に身につけておくことが大切です。日本救急医学のウェブサイト（「市民のための心肺蘇生」http://aed.jaamjp/cpr_process.html（2016年12月24日閲覧））や都道府県の消防局のeラーニングサイト（「一般市民向け応急手当WEB講習」）などを有効活用するとよいでしょう。

（3）学童期における医療機関との連携・協働

　児童に心身の問題が生じた際に，医療機関の受診が必要となることがあります。そして，心身の状態や状況によっては，医療機関の継続的な受診・入院・手術，退院後もリハビリ等を余儀なくされることが少なくありません。このような場合，児童が一日も早く健康な生活を送るために，医療機関との連携は不可欠となります。

　医療機関との連携窓口となるのは，主として養護教諭です。しかし，前述したように児童の変化を最初に発見したり，初期対応を行うということの他に，自宅療養後や入院後に，児童が学校生活に復帰した際に，一番身近にいるのは担任となります。ときに，自分は専門外だからと病気や怪我のことをまったく知ろうとしない教師に出会うことがありますが，それでは受け持ちの児童の状況を正しく把握していることにはなりません。このため，少なくとも児童の病気や怪我に関する基本的な知識を得ることが必要となります。教師として心身の問題を抱える児童に適切な支援を行うには，まず「病気や怪我を理解する」ことが必要であることを心得ておくことが大切です。

　児童が長期間の入院や自宅療養をした場合，担任は，保護者と連絡をとることはもちろんですが，家庭や病院等に定期的に訪問して教材やお便り等を届けたり，手紙などのやりとりを行い，児童が学校や同級生とのつながりを実感で

きるような対応を行うことが大切です。また，医療や生活上の規制が継続して必要な場合は，特別支援学校への転校を検討し，学習が継続できるようにすることも必要となるでしょう。そして，児童が学校復帰した際には，医療機関からの情報（保護者や養護教諭からの情報，必要なときには養護教諭とともに医療機関を訪問する等して情報を得る）をもとに，児童の学校生活に支障が出ないように環境の整備や授業の調整等を行うことも求められます。なお，心疾患，腎疾患，アレルギー疾患の児童は，その程度によって学校生活に制限が必要となることがあるため，教師は「学校生活管理指導表」[(2)]にもとづいた対応を行うことになることを知っておきましょう。

〈もっと詳しく知りたい人のための文献紹介〉

巷野悟郎『最新　保育保健の基礎知識』日本小児医事出版社，2013年。
　　⇨保育保健の基礎知識だけでなく，保育現場で多く遭遇する日常的な疑問にも応えてくれる一冊です。保育を学びはじめたばかりの初学者から，養成校を卒業した後，現場で働くようになっても手放すことのできない一冊になると思います。

平岩幹男『子育て支援ハンドブック』日本小児医事出版社，2011年。
　　⇨タイトルは「子育て支援」とありますが，子どもの保健や他職種との連携について詳しくわかりやすく述べられています。保育現場のことだけではなく，乳幼児健康診査のポイントなど保育者として身に付けておきたい専門的知識が豊富に述べられています。

内海裕美（監著）川上一恵・松田幸久（著）『園・学校でみられる子どもの病気百科』少年写真新聞社，2013年。
　　⇨学校医をされている小児科医が現代の子どもに多い疾患について，症状，治療，対応に加えて保護者への連絡などについてていねいに説明しています。イラストを用いて解説しているので，読みやすくまとめられています。子どもの疾患は多種多様ですが，この本のように理解しやすいものから読みすすめていくとよいでしょう。

（2）日本学校保健会ホームページ「学校生活管理指導表」http://www.hokenkai.or.jp/kanri/kanri_kanri.html（2016年11月15日閲覧）

〈文　献〉

独立行政法人スポーツ振興センター「学校管理下の災害（平成27年版）」2016年。
厚生労働省（編）『保育所保育指針解説書』フレーベル館，2008年。
文部科学省「教職員のための子どもの健康観察の方法と問題への対応」2009年。
文部科学省「保健主事のための実務ハンドブック」2010年。
文部科学省「教職員のための子どもの健康相談及び保健指導の手引き」2011年。
文部科学省中等教育局特別支援教育課「「通常の学級に在籍する特別な支援を必要とする児童生徒に関する調査」調査結果」2012年。
文部科学省生涯学習政策局政策課調査統計企画室「平成27年度学校保健統計（学校保健統計調査報告書）」2016年。
日本学校保健会「学校のアレルギー疾患に対する取り組みガイドライン」2008年。
　http://www.gakkohoken.jp/book/ebook/ebook_1/1.pdf（2017年2月15日閲覧）

7-3
保育・教育と心理

1　乳幼児期の保育と心理

（1）乳幼児期の子どもの心と家庭

　乳幼児期は，環境に大きく依存しているため，環境への反応として心理的な問題が生じる場合があります。たとえば，両親が抱える心理的な問題によって，あるいは両親との間に安定した信頼関係を築くことができないために，心の病気が引き起こされることもあります。乳幼児期の心理的問題として，反応性愛着障害，分離不安障害，チック障害，選択性緘黙などが挙げられます。また，近年は，発達障害（自閉症スペクトラム，ADHD，学習障害（LD）など）や，診断はついていないもののグレーゾーンに属する子どもが増加しています。さらに，現在は子育てしていくのが難しい時代と言われています。経済的な問題で困窮していたり，社会から孤立していたりとさまざまなストレスを抱え込んでいる家庭も少なくありません。こうした要因などから母子関係をうまく形成できない家庭も増え，結果として児童虐待事件へ発展することもしばしば見受けられます（7-1参照）。

　このように現在，保育現場では，子どもの保育上の対応に関する課題，また保護者との連携や支援をする際の難しさを抱えています。また，こうした保育現場が抱える困難感に対して，多くの保育者からは心理士等，外部の専門職や他機関との連携の必要性が訴えられています。

（2）保育にかかわる心理士

巡回相談

　巡回相談とは，「専門機関のスタッフが保育園，幼稚園を訪問し，子どもの園での生活を実際に見た上で，それに即して専門的な援助を行うこと」（浜谷，2005）と定義されています。巡回相談は，保育所では1996年の「障害児（者）地域療育等支援事業の実施について」の通知以降に，幼稚園については特別支援教育体制への移行後に教育委員会や特別支援学校主体での実施が増加したとされています（鶴，2012）。巡回相談は各自治体によって，巡回相談の頻度や時間数，進め方，訪問の形式，アセスメント方法，援助方法のいずれも異なるのが現状です。巡回相談員の専門性もさまざまですが，一般的には臨床心理士や臨床発達心理士といった心理専門職が多いと言えます。なお，文部科学省によると，巡回相談に必要な知識と技能として，①特別支援教育に関する知識と技能，②LD，ADHD，高機能自閉症など発達障害に関する知識，③アセスメントの知識と技能，④教師への支援に関する知識と技能，⑤他機関との連携に関する知識と技能，⑥学校や地域の中で可能な支援体制に関する知識，⑦個人情報の保護に関する知識，を挙げています（文部科学省，2004）。これらは小中学校の教育支援体制における巡回相談の専門性について示されたものですが，同様の専門性が保育巡回相談にも当てはまると言えるでしょう。

キンダーカウンセラー事業

　「キンダーカウンセリング事業」は，大阪府私立幼稚園連盟が2003年から開始した事業であり，後述する文部科学省の小・中学校へのスクールカウンセラー導入をモデルとした事業です。2009年には京都府私立幼稚園連盟においても「キンダーカウンセラー派遣事業」が開始されています。キンダーカウンセラーは，臨床心理士が中心となり，私立幼稚園を対象に，保護者の個別カウンセリング等の支援，保育者へのコンサルテーション等の支援，さらに参加観察による子どもへの直接的なかかわりを通した支援を行っています。

（3）心理士との連携

　心理士との連携においては，まずは，互いの専門性，支援目的等を理解し合うことが大切です。互いの専門性や役割をよく理解していないと，連携の目的について共通理解が得られず，適切な支援へとつながりません。保育現場における心理士の役割について，菅野（2004）は，以下の4つにまとめています。

　①保護者に対する支援（個別相談（カウンセリング），情報発信，懇談会）

　②園児の直接観察・かかわり（アセスメント）

　③保育者に対する支援

　④外部（社会）資源との連携

　次に，こうした心理士の専門性を引き出すためには，現場の保育者自身も子どもや家庭に関する現状を言語化（整理）しておくことが大切です。なぜなら，心理士と協働する際に，具体的に子どもにどのような課題があるのか，その課題は保育の中のどのような場面において出現しやすいのかなど，より具体的に日常の子どもの様子を整理し言語化することで，心理士も子どもや家庭の現状を把握しやすく，実態に即した適切な支援や助言が行いやすくなります。また，言語化するためには，保育者に一定水準の専門知識が求められます。たとえば，配慮が必要な幼児に気づくためには，幼児期の言語やコミュニケーション，社会性などの発達の道筋について把握しておくとともに，発達障害に関する知識をしっかりもつことが重要です。そのためには，園内で心理士を招いた研修会を実施したり，地域での学習会や講演会などへ積極的に参加したりしていくことも大切です。

（4）ケース会議における心理士との協働

　対応が困難なケースについては，心理士を交えたケース検討会議を単発ではなく継続的にもつことが大切です。なぜなら，支援においては，その効果の検証をしていくことがもっとも大切だからです。仮に支援の効果が薄い場合，うまくいかない場合は，心理士と保育者が相互に意見を出し合い，協議し修正することによって，より質の高い保育や支援が可能となります。そのためには，

継続的に心理士がかかわることのできるケース検討会議をつくるための整備がなにより大切です。ただし，もちろん継続的なかかわりが難しい場合が多くあるのが現実です。そうした場合には，ケース検討会議前までに，子どもや家庭の状態像をある程度まとめた資料を事前に心理士に渡しておくこと，また心理士が知りたい内容は何かを確認しておくことで，ケース会議がより意味のある場になります。さらに，ケース検討会議後も，支援の実施とその効果について必ず連絡を取り合える関係をつくることが必要です。子どもや家庭の支援は，多くの場合長い時間がかかります。心理士との協働では，長く協働できるための体制づくりや方法づくりがとても重要であることを理解してください。

　また，支援の効果を検証することには，もう一つ大切な意味があります。それは保育現場の知見・経験を積み上げることにつながるという点です。そのことは，当該の心理士以外の専門家と連携をする際に（たとえば，福祉，医療，保健などの専門家とかかわる場合や担当者が替わる場合），これまでどのような支援が行われ，どのような効果や課題があったのかを共有できるため，一からの支援ではなく，蓄積から生まれた新たな支援につながると同時に，専門家の力をより引き出しやすくなり支援の質が向上します。

（5）巡回相談・カウンセラーと保育者の協働

　最後に，保育者が心理士と協働する際に大切にしてほしいことがあります。それは，子どもの保育の主体である保育者が，心理士の見解や意見に依存的になりすぎないことです。たとえば，配慮の必要な子どもの支援について，心理士のアセスメントや助言を無批判に受け入れて，子どもの実態や園・学校の環境に適さない支援方法を行うことで，かえって子どもにとって悪影響が出ることがあります。日常の子どもの姿，保護者の思いや状況を一番理解できる立場にいるのは保育者です。現場の実情に応じて，どのような支援が現実的に可能なのかを，心理士の視点や専門性とすり合わせながら，ともに考えていくことが，有益な支援につながることを忘れてはいけません。

2 学童期の教育と心理

(1) 学童期の子どもの心にかかわる問題

　学童期の子どもの心は，発達しつつありますが，まだ未成熟な状態にあるため，心身の機能障害として，身体的な悩みや性格，学習，対人関係，家庭生活に関連した不適応行動が現れます。中には，背景に発達障害が潜むものもあります。具体的には，ストレス反応（主として頭痛，腹痛，嘔吐などの身体症状や行動面の変化），神経症習癖（夜尿，チック，抜毛等），緘黙，精神疾患（うつ病，強迫神経症，神経性食欲不振症等），心身症（心理的なものが原因である身体の病気），不登校（登校しぶりを含む），いじめ，万引き，暴力行為などです。たとえば，低学年（1，2年生）では，小学校入学で日課や活動スタイルなどの環境が急激に変化しますが，変化に適応できないと，「小1プロブレム」と言われるような，授業中に歩き回ったり，集団生活になじめない等の不適応症状が出現します。その際，言葉ではなく「お腹が痛い」等の身体症状や爪かみ等の癖として表れることもあります。中学年（3，4年生）では，友達を意識しはじめ，仲間になるには「気が合う」といった性格面が重要になるので，ときに仲間に入れない，排除されるということが生じ，いじめや不登校の問題が出てくることがあります。高学年（5，6年生）では，思春期への準備が始まるため，自己評価に過敏になり，失敗経験が続くと劣等感が生じやすくなり，心身症などになることがあります。また，発達が早い子どもの中には，第二次性徴の出現による影響で，精神疾患（うつ病，強迫神経症，神経性食欲不振症等）の問題が出現することもあります。

　昨今，急激な社会変動や情報過多，家庭環境の変化の大きい時代とともに子どもの心の様相も変化しています。スクールカウンセリングの相談場面でも，元来無邪気に遊びまわることが役割とも言える低学年の児童が，自分の周囲で起こる出来事を大人以上に察知し，心身ともに疲弊した状態で出会うことが増えています。これは子どもの心がより繊細で過敏になっている現れと言えます。

そして，子どもの抱える問題は，多様化，深刻化の傾向があります。たとえば，2014年度の小学校における暴力行為の発生件数は11,468件，児童生徒千人当たりの発生件数は1.7件（前年1.6件）で，年々増加し，少年非行の低年齢化が危惧されています（文部科学省，2016）。また，2014年度のいじめの認知件数は122,734件，児童生徒千人当たりの認知件数は18.6件（前年17.8件）と増加し（文部科学省，2016），その態様も，遊び・ふざけ・けんかを装ったり，教師が気づかないところで続くなど昔とは異なりかなり陰湿化し，それが要因となる自殺もあります。さらに，近年の携帯電話とパソコン，ゲームの大幅な普及で，学童期の子どもの携帯電話の所持率，インターネットの使用率が高くなっています。これにより，匿名メールでの誹謗中傷，悪意に満ちた掲示板等への書き込みなどの大人さながらのトラブルが起こったり，携帯電話やゲームへの依存が高まり，触っていないと落ち着かない，人と接することが億劫になる，視力低下といった身体症状等の新たな問題も増加しています。家庭にかかわる問題としては，報道でたびたび取り上げられているように，児童虐待が後を絶たずその内容も深刻化しています（第7章7-1参照）。また，家庭の経済格差が教育力の低下を招き，子どもの学力格差につながるという，いわゆる子どもの貧困問題も増加しています（第3章参照）。

　このように子どもの心にかかわる問題は，時代とともにその姿を変えながら出現しています。教師として基本的な子どもの心の発達について理解を深めることは大前提です。しかし，子どもが10人いれば10通りの心のありようがあることは言うまでもありません。そのことを踏まえ，画一的ではなく一人ひとりの児童の気質や置かれている環境などに目を向けて，子どもの心の状態がどのようなものなのかに気を配り，個々に応じた理解と対応をおこなうことが求められているのです。

（2）学童期（小学校）におけるスクールカウンセリング事業の展開
スクールカウンセリング事業
　スクールカウンセリング事業は，不登校・いじめ・自殺問題の深刻化や子ど

もの心のありようにかかわるようなさまざまな問題の出現を背景に，1995年度文部科学省（当時の文部省）による心の専門家を学校に配置する事業（「スクールカウンセラー活用調査研究委託事業」）として開始されました。その後，2001年度より都道府県の事業（「スクールカウンセラー活用事業補助」）に移管され，2009年度〜2012年度はスクールソーシャルワーカー（社会福祉士，精神保健福祉士等）の導入とともに「学校・家庭・地域の連携協力推進事業」，2013年度以降は，「いじめ対策等総合推進事業」の傘下に置かれています。

　スクールカウンセリングを行う専門職はスクールカウンセラーと呼ばれ，その多くは臨床心理士です。公立学校等において，児童生徒の臨床心理に関して，高度に専門的な知識・経験を有する者と位置づけられています。公立学校のスクールカウンセラーの配置数は，事業開始当時の1995年度は154校（このうち公立小学校は29校）でした。しかし，問題行動への予防的観点から小学校にもスクールカウンセラーを配置してほしいという要望が教育現場から強まったこともあり，徐々に拡大し，2014年度には22,013校（このうち小学校11,695校）となりました。内閣府は，2019年度までの全公立小中学校27,500校への配置拡充を目標として打ち出しています（内閣府，2015）。このようにスクールカウンセラーの配置は確実に拡大しています。しかし，運用方法（配置校数，配置形態〈単独校方式，拠点校方式，巡回方式〉，配置時間数等）は各自治体の判断に拠るところも大きく，地域差があるため，スクールカウンセラーによる支援体制は十分整っているとは言い難い状況にあります。児童生徒の問題行動の若年化傾向がある中，公立小学校の全校配置や配置時間の増加等が進み，児童生徒の支援の充実が期待されるところです。

スクールカウンセラーの役割

　スクールカウンセラーは，児童生徒が抱える問題に学校では網羅することが難しい多くの役割を担い，教育相談を円滑に進めるための潤滑油ないし，仲立ち的な役割を果たしているとされています。具体的な役割として，①児童生徒に対する相談・助言，②保護者や教職員に対する相談（カウンセリング，コンサルテーション），③教育相談や児童生徒理解に関する研修，④相談者への心

理的見立て（アセスメント）と対応，⑤関係機関との連携，⑥ストレスマネジメント等の予防的対応，⑦学校危機対応における心のケアが挙げられています（文部科学省，2007）。

　スクールカウンセラー事業が開始されてから21年が経過し（2016年現在），その間，教育現場におけるスクールカウンセラーの活動範囲は拡大してきました。当初は，不登校やいじめ，非行，暴力行為等のいわゆる問題行動とされることへの対応が主でした。しかし，上述したように子どもの心の様相が変化し，抱える問題が多様化，深刻化する傾向がある中，近年では，情緒不安定や精神疾患等の医療受診を視野に入れた対応，児童虐待や家族・家庭問題（養育態度，夫婦の不仲，家庭崩壊，保護者の精神的疾患，経済的困窮等）等の福祉的な支援が必要なものへの対応，発達的な課題（発達障害を含む）が見え隠れする療育上の対応，学校を舞台にした事故や事件等の心のケアを必要とする事態への対応等が行われています。そして，今後ますます複雑化，多様化の一途をたどることが推測されます。

（3）小学校におけるスクールカウンセラーと教師の協働
小学校の教師の職務

　小学校に限らず教師の職務の中で，もっとも基本で重要な位置を占めるのは教科指導（授業の実施）であり，教職を目指している学生がもっとも注目し力を入れるものでしょう。しかし，実際の教育現場では教科指導は職務の一部であり，教師はそれ以外にも多種多様な職務を遂行し，多忙な日々を送っています。教育実習で教師の様子を目の当たりにした学生が，「教師という職業がこれほどさまざまなことを行わなければならない忙しい仕事だとは思っていませんでした。自分が教師になったときに同じようなことができるのかが不安です」と語ることは少なくありません。

　小学校の教師の職務の具体的な内容は，学級担任として学習指導（各教科の指導，「道徳の時間」や「総合的学習の時間」の指導等），学級経営（学習目標の設定，学級経営案の作成・実施・評価，出席簿・指導要録・通知表の作成・管理，

学級だよりの発行，給食・清掃の指導等，教室の整備，保護者会の準備・実施），生徒指導（生活指導，児童生徒の問題行動の早期発見・対応，問題を抱える児童生徒への対応等），保護者対応（学校生活の様子等の連絡，家庭での指導等の依頼，保護者との関係構築のためのコミュニケーション等）等があります。中でも，小学校の場合，担任として保護者と接する機会は増え，最近多く見られているように学校に対する保護者のニーズの多様化により，場合によっては保護者対応により多くの時間を割かれることも少なくありません。そして，学校運営上必要な業務（校務分掌）を行いながら，教材研究や自らの研究・研修等を行うことになるのです。

スクールカウンセラーと教師の協働

　これまで述べてきたように，児童生徒の抱える心の問題は多様化，複雑化しています。その中には，学校の指導・相談体制では十分に対応しきれない問題も少なくありません。また，多忙な教師が通常行う1対1の関係の対応では限界があることもあります。場合によっては心理，教育，医療，福祉，司法矯正などさまざまな領域に絡む問題への対応が迫られ，内容的にも緊急・即時対応が必要なものから，長期間にわたり継続性を求められるものまであります。このため，教育現場で児童生徒の心の問題に関連して生ずる状況や状態に対応し支援を行うには，教師とスクールカウンセラーの協働は必須で，子どもへの支援が円滑に進み実を結ぶかの鍵となります。また，専門的知識を有する関係諸機関（児童相談所，精神保健福祉センター，発達支援センター，警察，少年補導センター，病院等）との連携も求められています。

　このような現状の中で，文部科学省では，より困難度を増している生徒指導上の課題を解決するための体制として「チームとしての学校（チーム学校）」の整備を検討しています。具体的には，「子どもたちの問題行動の背景には，子どもたちの心の問題とともに，家庭，友人関係，地域，学校などの子どもたちの置かれている環境の問題が複雑に絡み合っており，単に子どもの問題行動のみに着目し対応するだけではなかなか解決できない。学校現場でより効果的に対応するために，教師に加えて，専門スタッフ（スクールカウンセラー，ス

クールソーシャルワーカー等）を活用し，子どもたちの様々な情報を整理統合し，アセスメントやプランニングをした上で，教職員がチームで問題を抱える子どもたちの支援を行う」というものです（文部科学省，2015）。

では，実際に教師とスクールカウンセラーが協働するためにはどのようなことが必要なのでしょうか。

スクールカウンセラーを積極的に活用する

現在，スクールカウンセラーの活用方法は地域や学校によって異なっており，十分に機能している学校もあれば，うまく活用できていない学校もあります。また，それは学校という組織レベルのみならず教師という個人レベルでも存在します。つまり，スクールカウンセラーを積極的に活用する教師もいれば，まったく活用しようとしない教師もいます。スクールカウンセラー導入開始時，「黒船襲来」と呼ばれるほど，教育現場では他職種の専門家に警戒心や不安感をもつ教師も多くいましたが，実際には，教師が背負っていた心理的な問題への対応の負担を少なからず軽減することにつながっていきました。教師とスクールカウンセラーとの協働では，まず基本的なこととして，教師は，「子どもの成長を育む」という目的のために必要なことは何かを念頭に置いた上で，スクールカウンセラーの役割や配置の目的を理解し，この有効な支援資源をうまく活用しようという意識をもつことが大切です。

ここで，個人レベルにおいてスクールカウンセラーの活用を適切に行った小学校A教諭（男性，40代）の事例を紹介します。クラスの登校しぶりの児童Bは人見知りが強く繊細なところがあり，同級生から他の児童に向けられた言葉にBが傷つき，登校をしぶることもしばしばでした。母親も心配性でわが子を心配するあまりに要望も多く，ときには担任であるA教諭に対して，批判を直接口にすることもありました。A教諭がスクールカウンセラーに助言を求めた際，「Bと面談しましょうか？」と投げかけたところ，A教諭は「今はBとの関係も良好で母親の要望にも対応可能なので，担任レベルでの支援で大丈夫だと思います。今後，状況によってはお願いするかもしれません。ただ，自分の判断が間違うこともあるのでBの状況に対して定期的に助言が欲しい」

とのことでした。その後，Bの欠席が続き，母親の情緒が不安定になったため，スクールカウンセラーがBおよび母親とのカウンセリングを開始しましたが，次第にBの状況が改善するとA教諭が主導でBおよび母親への対応を行い，状態が落ち着いていきました。後に，A教諭はスクールカウンセラーに「担任として児童のどのような状況でも自分が対応したい，自分が対応しなければならないという思いはあります。しかし，児童の心理状態によってはタイミングを逃さずに心理の専門家であるスクールカウンセラーの支援を受けることが効果的なことがあります。そうかといって任せっぱなしでもいけない。そのときどきに，この児童にとって何が必要なのか，自分にできることは何かを考えて行動することが大切だと思っています」と語っています。この事例のように，教師が一人で解決しようと抱え込まずに，必要なときにはスクールカウンセラーを積極的に活用しようという意識を持つことが，子どもの成長を育む適切な支援につながっていくのです。

スクールカウンセラーとの信頼関係を築く

　教師とスクールカウンセラーの協働に必要なことの2つ目として，スクールカウンセラーとの信頼関係を築くことが必要です。一口に信頼関係を築くと言っても，一足飛びにできることではないでしょう。そこで，まずは人間関係を築くことから始めていきます。教師の中には，そもそも人間関係を築くことが不得手な人，あるいは人間関係を築こうとしない（避ける）人がいますが，これでは子どもたちへの支援を十分に果たせないことは言うまでもありません。人間関係を築くには，日頃から周囲の人とのコミュニケーションを図ることが効果的です。コミュニケーションといってもフォーマルなことを話題にしなければならないわけではありません。むしろ，インフォーマルな雑談に近いたわいもない話を積み重ねながら，相手に対して興味をもち，相手に自分の人となりを知ってもらう作業を行います。この作業は，信頼関係の基礎となる役割も果たし，児童や保護者，地域の方との良好な人間関係を形成・維持することにも生かされ，ひいては，教師が職務を円滑に遂行することにつながっていくことにもなります。

第7章 保育・教育と他領域の協働

学校全体で情報を共有する

　3つ目として，教師とスクールカウンセラーが協働する上で重要なことは，情報の共有を行うことです。しばしば，スクールカウンセラーが守秘義務一辺倒で情報開示をしないことが問題になりますが，その一方で，「あまり知らされても困る」という教師もいれば，「なんでも知っておきたい」という教師もいるなど，教師自身の児童生徒のことを知りたい度合いの異なることが問題になることもあります。また，教師が必要な情報を抱え込んで明かさないということもあります。学校では，一人の児童生徒に必要に応じて複数の教師がかかわることになります。このため，守秘義務が障壁となって教育的なかかわりやカウンセリングの情報が開示されないと，児童生徒への対応に齟齬が生じたりする可能性があり，混乱を起こすことになります。教師とスクールカウンセラーは，職域は異なっても児童生徒にかかわる秘密を守る義務があるのは同様です。ですから，協働を行う上では，学校全体で情報を管理し，必要な情報は共有し校外には洩らさないという共通認識をもって対応することが重要です。

　学校では多様な資質や能力をもつ個性豊かな人材が集まっています。それぞれがお互いの職域を尊重し合い，それぞれの領域で力量を発揮し協働する，このことが充実した教育活動を展開することになります。

　〈もっと詳しく知りたい人のための文献紹介〉

　　浜谷直人（編著）『発達障害児・気になる子の巡回相談』ミネルヴァ書房，2009年。
　　　　⇨保育巡回相談についての理念と実践を，事例等を用いてわかりやすく解説しています。巡回相談員と保育者との協働にもふれた書籍です。

　　『児童心理』（月刊誌）　金子書房
　　　　⇨創刊は1947年の歴史のある月刊誌です。時代の変遷に沿って，そのときどきの子どもの心にかかわるタイムリーなテーマを取り上げ，教師，スクールカウンセラー，大学教員等のさまざまな職種の方々が，多角的な視点で執筆されているので，自分自身の視野を広げることができます。自分が学びたい，知りたいテーマのものを見てみるとよいでしょう。一例を挙げると，「小学

1年生・2年生のこころと世界」「スマホ時代の子どもたち」「教師のための話す技術・聴く技術」などです。

〈文　献〉

浜谷直人「巡回相談はどのように障害児統合保育を支援するか──発達臨床コンサルテーションの支援モデル」『発達心理学研究』第16巻第3号，2005年，pp. 300-310。

菅野信夫「幼稚園における子育て支援──キンダーカウンセラーの活動」『臨床心理学』第4巻第5号，2004年，pp. 600-605。

文部科学省「小・中学校におけるLD（学習障害），ADHD（注意欠陥／多動性障害），高機能自閉症の児童生徒への教育支援体制の整備のためのガイドライン（試案）」2004年。http://www.mext.go.jp/a_menu/shotou/tokubetu/material/1298152.htm（2017年3月8日閲覧）

文部科学省初等中等教育局児童生徒課「児童生徒の教育相談の充実について──生き生きとした子どもを育てる相談体制づくり（報告）」教育相談等に関する調査研究協力者会議，2007年7月1日。

文部科学省中央教育審議会「チームとしての学校の在り方と今後の改善方策について（答申）」2015年12月21日。

文部科学省「平成26年度児童生徒の問題行動等生徒指導上の諸問題に関する調査」2016年3月1日。

内閣府「ひとり親家庭・多子世帯等自立応援プロジェクト（施策の方向性）資料」子どもの貧困対策会議，2015年8月28日。

鶴宏史「保育所・幼稚園における巡回相談に関する研究動向」『帝塚山大学現代生活学部紀要』第8号，2012年，pp. 113-126。

第8章
教職へのアプローチ

　第8章では，教職へアプローチするために，また保育者・教師として成長していくために基本的に把握しておきたい法令および制度について解説しながら，教員養成制度（教育実習を含む），教師の採用（採用試験，教師の配置），および研修に関するシステムの現状と課題について示します。また，教師の服務についてもふれます。

【キーワード】

教育職員免許法　教員養成制度　教職課程　教育実習　教職実践演習　県費負担教職員　教員採用試験　教師の配置　教師の研修　教師の服務　職務上の義務　身分上の義務　教師の採用

第8章　教職へのアプローチ

1　教員養成の制度

（1）教員免許状とは何か

　教師の社会に対して果たす役割は大きいものがあり，教師に対する高い期待は，児童・生徒やその保護者のみならず，社会全体から教師一人ひとりに向けられています。このため，教師として勤務する者には，教師としての高い専門性・資質が望まれることになります。この資質を担保する方法として教員資格があります。教師として学校に勤務するには，教員資格である教員免許状の取得が必要となります。教員免許状は，教育職員免許法にもとづいて交付される資格で，文部科学省（以下，「文科省」と表記）が所管しています。学校では，教員免許状を有しない者が教師として勤務することは認められていません。仮に教員免許状を有しない者が，教師として勤務した場合には大きな影響が生じることになります。まず，授業の有効性が問題になり，民事的な責任も生じます。これは，教師という仕事の社会的な重要性が大きいことを示す一例でもあります。なお，教員免許状がなくとも，ゲストティーチャー等の指導は問題なく可能となります。

　佐藤（2015）によると学校制度が整備された明治期からすでに教員資格が必要とされていたとのことです。当初は，教員養成機関であった師範学校の卒業免状（つまり，卒業証書）取得者か，教員審査などの合格者に教員免許状を授与し，教員資格としていました。これが，教員免許状として一本化されて現在に至ります。

（2）教員免許の種類

　教員免許状には，いくつかの種類・区分が存在しています。まず，教員免許状は，校種（幼稚園・小学校・中学校・高校・特別支援・養護教諭・栄養教諭など）によって区分されており，さらに，中学校・高校では教科ごとにも区分されています。そして，普通免許状・臨時免許状・特別免許状の区分もあります。

これは，免許状の取得形態や有効期間により区分されているものです。

まず，普通免許状は，一般的な免許であり，大学の教職課程の受講者や国が一部校種で実施している教員資格認定試験の合格者などに交付される免許状です。本免許は，全国で有効で，10年ごとの免許更新講習を経れば継続して有効となります。普通免許状は，さらに基礎資格により専修・1種・2種の区分に分かれています。この基礎資格とは学位のことで，短期大学以上の教育機関において，卒業した学校ごとに授与される称号のことです。ちなみに，修士は大学院修士課程修了程度，学士は大学卒業程度，短期大学士は短大卒業程度を指し，専修免許状は修士，1種免許状は学士程度，2種免許状は短期大学士程度に相当します。ただし，基礎資格以外の条件により，学士でも2種，修士でも1種や2種となる場合もあります。なお，国は，2種免許で採用された教師には，勤務しながら1種免許状に切り替えることを求めています。

次に，特別免許状は，社会的経験を有する者に，教育職員検定を経て授与される免許状です。都道府県教育委員会が交付しており交付都道府県内のみで10年間有効の免許状です。社会的な経験を有した人が，教師として勤務するために設けられた制度ですが，本免許状取得の要件は高く，実際に取得している人は少ない状況にあります。

最後に，臨時免許状は，都道府県教育委員会が発行する3年間の期限付き，特別免許と同様に交付都道府県のみ有効な免許です。諸般の事情によって適任者が採用できない際などに教員免許検定を経て交付される免許状となります。これら特別免許状および臨時免許状取得者は，法律にもとづき必要な講習などを受講しますと普通免許状への切り替えが可能となっています。

（3）教員養成制度と教職課程

教員免許状は，一般的には大学の教職課程を履修することで取得することになります。教職課程は，教育職員免許法により定められた条件を満たすように教育課程が計画されており，認可は教育職員免許法の規定にもとづいて学科ごとの教育内容を踏まえ文科省が認可しています。

第8章 教職へのアプローチ

　小学校・幼稚園の教職課程は，幼稚園・小学校教員免許状を取得することを目的とした学科しか開講できません。つまり，教員養成を目的とした学部・学科や，専門分野が幼稚園や小学校の教育に直接関連する教育学・児童学・心理学などを学ぶ学科でしか取得できないことになるのです。幼稚園・小学校では，学級担任制が取られていることから，教科専門の知識も重要ですが，学校や教職への理解，児童の理解などにその教育の重点が置かれることになります。

　一方で，中学校や高校の教員免許状は，教科ごとに資格が分かれていること，中学校・高校では教科担任制が取られていることなどから，多くの大学に中学校・高校の教職課程が開設されています。教員養成を目的としていない学部・学科であっても教職課程が開講されています。このことは，開放制の原則と呼ばれています。これは，学校における教師集団の多様性の確保や中学校・高校の教育の特色が理由として挙げられます。中学校・高校は，教科担任制で上級学校への進学指導や高校では就職指導にかかわる資格取得などもあり，教科の専門性が重要視されているためです。

（4）教職課程の学習と教育実習
教職課程の学習をどう考え位置づけるのか

　大学は，資格取得のためだけに存在しているわけではありませんが，一般的には学部・学科の専門分野に応じた資格取得コースが設けられています。資格は，認定機関・認定方法が多様で，難易度や必要期間も異なり，容易に取得できる資格もあります。しかし，教員免許状を，取得が容易な資格と同等視することは問題となります。教職課程は，3年次もしくは4年次に実施される教育実習を見据えながら，在学期間全体を通した視点で計画されています。履修者は，定められた科目をただ漠然と目的意識もなく単位取得していけばよいというものではありません。教職課程の受講継続や教育実習受講の要件としてGPAや取得単位数が基準となる大学や，次年度以降の受講条件としている大学もあります。これらのことから，教職課程受講は，大学1年から始まっており，4年間を通して学んでいく意識が必要となります。さらに，大学外での教

育実習などの各種実習が必要となりますから，大学内で完結しない資格コースとなっています。このため，計画的に履修しなければなりません。

教育実習の概要

　教職課程における一連の学習の中で最大の壁となるのが教育実習です。大学における学習の前半は，この最大の山場の教育実習に向けてどのように資質を高めていくかが重要となります。教育実習は，これまでの学習を学校において発揮する絶好の機会となります。その内容は，学校における児童生徒との実際の触れ合いによる児童観・生徒観の形成，教科・各種教育活動の実践指導の経験の確保，学級運営の経験，学校運営の実態の理解，教育実習生自身の課題把握など多種多様なものです。このため教育実習では，授業を行うだけでなく，現職教師や他の教育実習生の授業参観，校長や各担当教師などからの各種指導講話，教材研究・授業準備，授業の実施，学級指導，児童・生徒との触れ合い，実習生同士の学習会などさまざまな内容が組まれています。実習期間中は，短期間にこれまでの学習を全て出し切ることから実習生自身の負担も大きいですが，この期間の学びは教師となる上で大きな価値となります。

　さて，教育実習は，大学におけるこれまでの科目とは大きく異なります。それは，実習校があって成立する科目であるということです。学校は，児童・生徒への教育が設置目的で，一部学校を除けば教育実習の受け入れは主な仕事でありません。しかも，学校は，教育実習を受け入れることに相当な労力を費やすことになります。教職員は，教育実習がなければその分本来の業務に集中できるのです。しかしながら，教育実習なしで教師を育てることは難しく，学校教育の継続のために次世代の教師の育成は必要であり，実習生を受け入れているのです。また，教育実習希望者が多数になり，全ての希望者の受け入れが難しい地域もあります。教育実習生は，大学における他の科目とは異なり，受講する権利があるのではなく，「教育実習は，実習校の好意により受講できる」という意識が必要となります。

　実習生は，一人の教師として教育実習に取り組むことになります。このため，教育実習に向けていくつか留意点があります。一つは，人間性を高めることで

す。教師・社会人（大人）としての意識を身に付けることを目指し，それに見合った行動が取れること，実習先の教職員や児童・生徒・保護者とのコミュニケーションなどを適切に取ることが求められます。2つ目は，教師としての専門性を身に付けることです。教師という職への意識を高め，教科などの専門性を身に付けることへ努力することです。これらは，すでに本書の各章にて取り上げてきた内容とも関係していきます。これらを意識しながら，教育実習へ向けた学習を進めていく必要があるのです。

教育実習の実際

　教育実習は，すでに述べたとおりこれまで大学にて学んできた知識を活かす場となります。これらの経験を踏まえ，現時点での教師としての資質を確認するとともに自分自身の課題や教師を目指す意思を確認していくことにもなります。なお，教育実習は，実習期間だけでなく，その前後の事前準備や事後の復習なども含めた一連の学習が重要です。

　教育実習に向けた事前準備には，実習前のオリエンテーション（打ち合せ）・事前指導，場合によっては実習依頼などの手続きがあります。実習に際して必要な事項や学校の概要の説明，実習担当教師との顔合わせ・打ち合わせなどが行われます。また，教育実習受講には，実習に関する手続きが必要となります。これは，大学事務局が，全ての手続きを行い，学生が直接関与しない大学もあります。しかし，学生が実習に関する依頼などを行う必要がある大学も多いです。この場合には，実習生が実習校を訪問して実習依頼をしないといけません。また，実習校において実習受講審査がある場合もあり，訪問時や別日にこの選考が行われることになります。これら，オリエンテーションや実習校訪問から，実習校の教職員や児童・生徒とかかわることになりますが，この段階ですでに教育実習生として見られることになります。これらの中で実習生としての適格性を欠く場合や目的意識などが不明確な場合には，実習の受け入れの可否にもかかわるので注意しなければなりません。

　実習期間は，すでに述べたとおり各種講話・授業参観・教材研究や授業準備，授業の実施，児童生徒への教育などが行われます。これらの経験を積むことで

教師としての資質を高めることになります。このため，教育実習開始段階で，教師を目指す者としての意識が曖昧であるとか，資格取得のためだけといった安易な気持ちでの履修は実習を受ける上で非常に問題となります。それだけでなく，教育実習自体を無事終えることも難しくなります。大学も教育実習受講条件を設けるなどしており，教育実習受講には実習生の明確な教職への意識や教育実習を通して目標や目的を持つことが重要となるのです。

実習終了後には，実習の記録をまとめ，実習レポートや感想文などを作成することになります。このときには，実習の成果・反省や課題をまとめ，今後の学習への基礎とするよう意識しなければなりません。また，実習校へお礼状を送付するなど実習を受け入れてくれた学校への感謝も忘れてはなりません。

筆者の視点から，大学における学習として次の3点を意識してほしいと提起したいと思います。一つは，教育実習までの学習は，実習に向け意識を高く持ち大学における学習や日々の生活を行うこと，2つ目は，実習はこれまでの大学における学習（教養教育・専門教育・教職課程における全ての学習）の総まとめの機会として認識し，これまでの学習や自らの力を全力で投入すること，3つ目は，教育実習後はその結果を踏まえて，各自の課題を認識し，改善に努力をすることです。教育実習の流れについては，図8.1に簡潔にまとめました。教育実習により実習生が，教師として高い資質を得られることを願っています。

長期的なキャリア形成の視点で

教育実習を終えると教員免許状取得に見通しがつくことになります。しかし，この時点で免許取得が確実になって気を緩めることになっては本末転倒となります。教員免許状取得には，大学を卒業することも必要となります。また，教職課程をまとめる科目として教職実践演習が位置づけられています。教職実践演習は，これまでの大学での教職課程の学びを「履修カルテ」などを用いて検討し，教育実習などの実地体験も含めて，自らの教師としての課題を明らかにする科目です。この授業を，教師としてのキャリア形成のスタートと位置づける必要があるのです。教職課程受講者は，教員免許状を取得することや希望校種で採用されることが，大学生活の最終目的・目標になります。しかし，教員

第8章　教職へのアプローチ

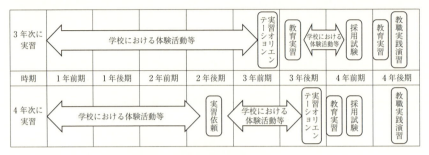

図8.1　教育実習の日程イメージ

（注）「学校における体験活動等」は，大学の教育活動として学校における体験活動，学校に対するボランティア活動，地域における子どもに関するボランティア活動や子どもとの交流活動を指す。なお，この図に示したもの以外に介護等体験も行う必要がある。

　免許状取得や採用されることは，教師人生においてはスタートでしかありません。

　教職実践演習では，各自が意識した教師としての課題を，自主的に解決するように取り組む姿勢を身に付ける機会にしてほしいのです。大学生は，学生という立場にあり，教育する側の大学の教師からの指導によって成長していく側面があります。しかし，卒業後，とくに教師として教壇に立って以降は，このような環境は期待できません。しかし，教師は，児童・生徒に豊かな教育を行うため，採用後も教師としての成長を続け，資質豊かな教師となるようめざす必要があります。採用後には研修もありますが，自分自身で修めるべき知識・技術・資質を省察し，自ら学んでいくこととなります。つまり，セルフプロデュースの能力が重要となるのです。この能力は，これからの時代の教師には，必須の姿勢や能力となるでしょう。この基本的な姿勢や能力を，大学の教職課程の学習を通して身に付けてほしいのです。

2 教師の採用・配置，研修，服務

（1）教師の採用と配置

公立と私立の採用の違い

　学校は，その学校の設置者が存在しています。学校の設置者が，国の場合は国立学校，都道府県・市町村の場合は公立学校，学校法人の場合は私立学校になります。なお，幼稚園は，社会福祉法人でも設置可能ですが，この場合も私立学校となります。さて，教師としての仕事は，国立・公立・私立に大きな差はありません。しかし，設置者が異なることにより，そこに勤務する教師の身分が異なることになります。そのことにより，採用等の任用（人事）や処遇，服務などに違いが生じます。

公立学校の教師の採用の特徴

　公立学校の教師は，地方公務員となります。その採用は，都道府県教育委員会もしくは政令指定都市教育委員会が実施します。公立学校は，大きく分類すると都道府県立学校と市町村立学校ですが，政令指定都市を除くと小学校・中学校ともに採用は都道府県教育委員会が実施しています（政令指定都市では，市立学校の教職員は，一部例外を除くと独自に採用を行っています）。市町村は，小学校・中学校の設置義務があり，小学校・中学校を設置しています。このため，本来であれば小学校・中学校の教師の採用は，市町村が行うべき事項となります。しかし，実際は，学校の設置者と採用者の違いを生むことになっています。これは，市町村が教師の採用を行うと，自治体の財政規模による給料等の格差やそれによる希望者の偏在，学校に勤務する教師の年齢・性別・担当教科の偏り，それらの影響による教師の資質低下などが生じる懸念があるからです。このため，都道府県教育委員会が，採用し人事を行うことで，各学校の教師構成などを適性化し，人事異動によって教育現場の活性化をねらっているのです。

　なお，都道府県は，採用だけでなく小学校・中学校の教職員の給料も負担しており，都道府県が給料を負担している教職員を県費負担教職員と呼んでいま

す。この県費負担教職員は、任命権者と服務監督者が分離しています。本来両者は同じとなるのですが、採用試験の実施者であり、採用後の人事を監督し、給料も負担する都道府県教育委員会（＝任命権者）と勤務先学校の設置者であり在籍している教職員の勤務を監督する市町村教育委員会（服務監督者）とに分かれることになるのです。なお、県費負担教職員の給料は、国が3分の1、都道府県が3分の2を負担しています。一方で、都道府県立学校の教職員は、同じように国と都道府県が負担していますが、県費負担教職員とは呼ばれません。

公立学校の採用と留意点

　公立学校の教師の採用は、都道府県・政令市教育委員会から前年度開始前後に募集概要が発表され、5月の連休前後には詳細な募集要項が提示されます。その後、受験者は出願し、7月ごろに1次試験、8月ごろに1次合格者の2次試験が行われます。内容は、1次試験は筆記試験が中心となり、2次試験では個人面接や模擬授業など、より教師としての資質を問う内容になります。なお、採用試験日程は、隣接する都道府県は同一日程が多いですが、日程が異なれば複数受験することも可能です。

　教員採用試験の特徴としては、選考方式をとっていることが挙げられます。受験者の総得点順位にて合否判定するのではなく、受験者の人間性なども含めた総合評価によって教員としての採用を決定しているのです。また、採用試験の合格者は、合格者名簿に載ることになります。合格者は、名簿に記載された後に退職者の状況などに応じて採用が決定していく方式です。このため、合格者名簿に記載されても正規採用に至らないことがある点には留意しないといけません。

　さて、採用試験の準備にはいくつか注意しないといけないことがあります。一つは、教員採用試験の実施形態などについて確認をしておくことです。1次試験・2次試験の内容は、各都道府県・政令市において異なります。2つ目は、各都道府県・政令市の教育理念や特徴を理解しておくことです。各都道府県・政令市は、教育理念や求める教師像などを制定しています。これに、それぞれの地域事情などの特徴も理解した上で採用選考に望むことが必要です。3つ目

第8章　教職へのアプローチ

表8.1　教員採用試験の日程

時期	内容	備考
3～4月	募集要項公開・配布	ホームページ掲載
5～6月	出願受付	○教育実習時期への留意 ○必要な書類の事前準備
7月	第1次試験	【筆記試験】 ○一般教養 ○教職教養 ○専門教養（教科専門：小学校は全科） 【面接試験】 ○個人面接，集団面接，集団討論など
8月	第2次試験	【筆記試験】 ○小論文 【面接試験】 ○個人面接，集団面接，集団討論など ○模擬授業 【実技試験】 ○体育，音楽，美術（図画工作），英会話など 【その他】 ○適性検査
10月	合格発表，採用内定	○合格通知の送付 ○内諾書などの返送
11月～翌年3月	研修など	○研修 ○諸手続
翌年4月1日	採用	○都道府県・政令市教育委員会の辞令交付式

（出所）　文部科学省「教員免許状に関するQ&A」を基に筆者が作成

は，計画的な準備を行うことです。1次試験から2次試験までの期間が短いため，計画的に双方の採用試験対策をしていく必要があります。また，採用試験は，出願時に志望理由書などの提出を求める自治体もあります。最後に，教育実習の時期に注意することです。教育実習が4年前期実施の場合には，教育実習と出願の手続きの時期が重複する可能性があります。

　なお，受験する都道府県・政令市，校種教科により採用状況が異なります。現役合格が難しい場合も十分あり得ます。一方で，短期的な教師の不足を補うために臨時的任用講師や非常勤講師として採用される機会があります。これは，産休・病気休職などのために教師が不足した際に臨時的に雇用される常勤や非

常勤の講師のことを指します。期間は，6か月ですが更新も可能なため，長期にわたり勤務することもありえます。採用試験で不合格の場合には，臨時的任用講師・非常勤講師として学校で勤務することも選択肢の一つです。これらの講師としての仕事は，正規採用を目指す上での学習・経験の場としても貴重な機会となります。この経験が，採用に役立つことも珍しくありません。さらに，採用試験では，臨時的任用講師・非常勤講師経験者の優遇措置を行う場合もあります。このことは，たんなる臨時の人員確保ではなく，教師を育てる場としての役割が付与されていることを示しているのです。

公立学校教師の配置

　学校教育法第37条等で各学校における教師の配置が定められています。この法律では，各学校に必要な教職員を定めています。この法律にもとづいて考えると教職員は，必置職員，原則必置職員，任意設置職員に区分することができます。必置職員は，学校において必ず配置しないといけない職員のことで，校長や教諭のことを指します。教諭は，教員として採用されたものが最初に任用される身分です。校長を目指す場合には，その後，主任，主幹教諭，教頭，副校長と経験していき校長となります。また，原則必置職員は，教頭などが該当します。任意設置職員は，副校長や主幹教諭などが該当し，配置は各学校の裁量となります。

　さて，教師の配置は，任用・昇任・降任・転任という手続きがあります。任用は，採用人事のことです。昇任は，上級の職へ異動させることであり，逆に降任はある職から下位の職へ異動させることを指します。また，転任は，所属校などを変更することになります。これらが行われることで円滑な学校運営が行われることに繋がっているのです。

　また，分限処分についてもふれておきましょう。公務員は身分保障が確保されていますが，ある一定の条件において当人の不利益となる任用を行うことが可能です。この分限処分には，降任・免職・休職が含まれます。この際注意しなければならないのが，「処分」という用語の理解です。「処分」と聞くと不祥事などを連想するかもしれませんが，違法行為などによる処分でないことに注

意が必要になります。分限処分の要件は，病気，勤務実績や指導力不足などの場合に該当します。一方で懲戒処分もあります。こちらは，本人の責めによる処分であり，法令違反や職務上の不祥事に対する処分となります。具体的な処分内容には，戒告，言及，停職，免職が含まれます。

公立幼稚園教師の採用と配置

　公立幼稚園教師の場合は，設置者である市町村の職員としての採用になります。このため，市町村の職員採用試験と同じ要領で採用試験は実施されます。ただし，この際には，いくつか注意が必要となります。まず，市町村の幼稚園の規模によっては定期採用がないこと，市町村ごとに採用試験の実施時期が異なることや上級（大卒程度）と中級（短大卒程度）の区分なしで試験が行われることが考えられます。さらに，公立幼稚園に指定管理者[1]制度を取り入れている場合があります。指定管理者の公立幼稚園での活用は，私立幼稚園を運営している学校法人などに市町村が運営を委託するものです。この場合は，施設などは市町村が設置しますが職員の身分は公務員ではなく，指定管理者が雇用する職員となり，公務員ではなく私立幼稚園の採用に準ずることになります。つまり，市町村職員としての採用試験が実施されないことが考えられます。このため，公立幼稚園教師を志望する際には，事前の情報収集をしっかりしておく必要があります。

私立学校教師の採用と配置

　私立学校の教師の採用は，設置者である学校法人が行うことになります。私立学校は，その規模や教育方針などの諸事情が関係するため，定期採用が行われないことも十分あり得ます。このため，各私立学校が公表する採用募集案内などを定期的に確認する必要があります。なお，各都道府県の私立学校協会で

（1）指定管理者は，国や自治体が所有する公共施設の管理・運営を受託している民間企業のことです。国や自治体は，近年所有する公共施設運営を指定管理者に委託することが増えています。この背景には，民間が有するノウハウを活用することで住民サービスの向上が期待できることが挙げられます。さらに，民間の競争原理も働き行政コストの削減も期待できます。

は，私学教員適性検査の実施や履歴書の預かり事業を実施しています。私学教員適性検査は，教員適性テストを合同で行い，テスト結果を各学校の採用に際し提供し，選考に活かす制度です。また，履歴書預かりは，教師を志望する者の履歴書を預かり，会員校へ必要に応じて提供する制度となります。いずれも，都道府県協会において有料にて行っている教師希望者への事業ですが，協会ごとに実施の有無も運用も異なります。これら詳細は，日本私学教育研究所ホームページや各協会ホームページにて詳しく説明されています。

（2）教師の研修

研修の意義

　研修の意義については，教育公務員特例法第21条で「教育公務員は，その職責を遂行するために，絶えず研究と修養に努めなければならない。」と規定されています。これは，教師の職務の特性上学び続けることが重要であることを示しているのです。この学び続ける行為を学校教育では，「研修」（研究と修養）と呼んでいます。なお，国は教育基本法第9条においても研修の重要性を指摘しています。教育基本法上では，設置者における区分はなく私立学校においても同様であると考えるべきでしょう。

　さて，研修は，採用時における新人教職員の基礎能力の形成，一定以上の勤務経験を有する教職員のキャリア・アップ，社会変化に対応するなど重要な機能があります。そのため研修は，教師にとって重要な職務の一つとして位置づけられています。学校教育の内容を規定している学習指導要領は，8～10年の周期で改訂が行われています。この改訂では，教科内の学習内容や新しい教科や教育活動の設置などが行われることがあります。そして，長い教師生活の期間には，全国の教師の日々の努力によって新しい指導法が開発されたり技術革新によって新しい教育機器が登場したりします。また，社会の変化における新しい課題なども出現してくるでしょう。このことについて対応できないようでは，教師という職はつとまらなくなると思われます。このため，教師の仕事は，学び続けることが非常に重要となります。自身が，教員免許状を取得した際に

表8.2　研修の種類とその特徴

研修名	特徴
行政研修 （職務命令による研修）	・職務の一環として行われる研修（服務監督権者の職務命令） ・職務命令なので研修を実施する義務が生じる ・初任者研修・10年経験者研修などを含む ・旅費や日当が支給される
校内研修	・校内における研修 ・研究指定校などの研究の一環で実施 ・同一校に勤務する教師の自主的な活動
職免研修	・民間団体などによる研修 ・勤務時間帯に職場を離れて研修が許される（所属長の承認が必要） ・費用は自己負担
自主研修	・民間団体などによる研修 ・年次休暇を取得（職免研修がそぐわない場合）・休日に行う研修 ・費用は自己負担

学べなかったことや新たに発生した事項をつねに学んでいく必要があります。

このこともあり中央教育審議会（中教審）は，2012年8月に出した答申「教職生活の全体を通じた教員の資質能力の総合的な向上方策について」において「教職生活全体を通じて，実践的指導力等を高めるとともに，社会の急速な進展の中で，知識・技能の絶えざる刷新が必要であることから，教員が探究力を持ち，学び続ける存在であることが不可欠である」として「学び続ける教員像」を打ち出しています。このように，研修は教師にとって資質向上のため，ますます重要となっているのです。

研修の種類

公立学校の教師にとって研修は，義務であると同時に研修を受ける権利があると考えることもできます。研修は，その実施形態において4つの区分に分類されています。それは，行政研修・校内研修・職免研修・自主研修の4つです（表8.2）。これらは，職務の種類によって実施形態や服務上の取り扱いが異なることになります。

また，行政研修は，主要な研修として初任者研修・10年経験者研修・大学院修学休業制度があります。初任者研修は，正規採用の教諭に対して行われる研

修です。1年間を通して学校内での指導教師からの指導と学校外における教育委員会実施の各種研修を合わせて行う研修となります。この研修の導入にともない，教諭の条件付任用期間（正式採用までの期間）も6か月間から1年間へと変更されました。また，10年経験者研修は，正規採用後在職期間が10年を経過した教諭を対象として行われる研修です。この研修も初任者研修同様に，学校における研修と学校外における研修を組み合わせて行う研修となります。10年を一区切りとして，その後の教師としてのキャリア形成を目指す意義があります。最後の大学院修学休業制度は，教師という身分を維持したまま大学院での研究を可能とする制度です。教師が，専修免許取得のために大学院に修学する場合に一定期間休業することを認める制度となります。

免許更新制

　免許更新制は，2006年の中教審答申を受けて制定されたものです。この制度では，研修を受けることで教員免許状を更新させ，教師の資質を向上させていくことが考えられています。免許更新制では，普通免許状を10年ごとの更新制として，更新講習を受けることを義務づけています。この制度では，教師に有効期限の2年2か月前から2か月前までに所定の研修を30時間受講することを課しています。講習は，一定程度の要件を満たした免除者以外の現職教師などが対象となります。このため，免許更新講習は，全ての免許保持者に更新講習を課していません。免許取得から10年を超えると免許の効力は失効することになり，このままでは教師として教壇に立つことは認められなくなります。ただし，免許復活講習を受ければ，免許の効力は復活することになります。しかし，公立校の現職教師は，免許更新講習を正当な理由もなく受けず失効してしまうと免職となるので注意が必要となります。

（2）免許更新講習は，現職教師などが対象となります。現在は，受講対象者以外の更新講習受講はできません。教師を志望しない場合は支障ありませんが，教師を志望する者にとっては免許更新の関係から問題となります。この際の対応方法は，たとえば，臨時的任用講師に登録することや新たに免許状を取得し更新講習の期限を延長するなどが考えられます。ただし，免許更新期限は，免許取得後10年となります。この間の制度改革なども十分可能性があるため，ここで詳しい方法の説明は行いません。

（3）教師の服務

教師の服務とは

　公立学校に勤務する教師は，地方公務員としての身分を有しています。公務員は，「全体の奉仕者」として一部の者のためではなく国民全体に対して奉仕する（責任を果たす）ことが求められます。さて，この地方公務員としての身分を有している公立学校の教師は，関連する法令によって服務が定められています。公立学校教師は，この規程を尊重して教育活動を行っていくのです。なお，この法令は，地方公務員法・教育公務員特例法など複数の法令にまたがっています。実際の運営については，各教育委員会が制定する規則に則って遵守することになります。教師を目指す者は，その身分によって守るべき法律などが変わってくることも理解する必要があります。なお，国立・私立学校においても関連法令によって制限が課せられます。このため，同様の意識を持つことが求められるでしょう。

職務上の義務

　職務上の義務とは，職務の遂行のために守るべき事項のことを指します。これは，職務を行っている時間，つまり勤務時間のみに課せられる義務となります。具体的には，下記の3項目が該当します。

①服務の宣誓（地方公務員法第31条）

　公務員は，採用にあたって服務の宣誓を行うことが義務となっており，教師も採用時にこの服務の宣誓を行うことになります。

②法令及び上司の命令に従う義務（地方公務員法第32条）

　職務中は，法令及び上司の命令に従い業務を行う義務があります。

③職務専念義務（地方公務員法第35条）

　職務中は，その全ての能力を職務に費やす義務が課せられています。

身分上の義務

　身分上の義務とは，職務上の義務と異なり，その身分にある期間，つまり，その職にある以上はつねに義務を負うことになります。具体的には，下記の5項目が該当します。

①信用失墜行為の禁止（地方公務員法第33条）

　地方公務員法では，公務員の信用を失うような行為を行うことを禁止しています。これは，各種法律に抵触する行為のみならず，公務員としてふさわしくない行為も含まれることに留意しておく必要があります。該当する行為を行った場合には，所属機関の規程にもとづいて処分されることもあります。教師は，その職の特徴から信用失墜行為についてはとくに留意する必要があると思われます。

②秘密を守る義務（地方公務員法第34条）

　身分上の義務は，勤務時間以外でも守るべき義務ですが，守秘義務はこの期間について他の義務と少し異なっています。他の義務が，その職にある期間に限定されている一方で，守秘義務は退職後においても同様となっています。

③政治的行為の制限（教育公務員特例法第18条）

　公務員は，政治的行為が制限されています。このため，選挙運動などが禁止されています。とくに，公教育を担う公立学校の教師は，身分は地方公務員ですが，政治的行為の制限は国家公務員に準ずる基準で課せられています。

④争議行為の禁止（地方公務員法第37条）

　公務員は，全体の奉仕者であること，身分の保障がなされていることから，争議行為が禁止されています。学校教育への影響も踏まえストライキなどを行うことが許されていないのです。

⑤兼職・兼業の制限（教育公務員特例法第17条）

　公務員は，副業が制限されており，許可なく従事することは許されていません。ただし，教師は，許可を受ければ教育に関する兼職や副業が可能となっています。これは，教育に関する事業については，教師の資質の向上につながると考えられているためです。

第8章　教職へのアプローチ

3　少子化と教員養成の今後

（1）教師の採用の状況と課題
少子化と教師の採用の状況

　教師の採用は，そのときの子どもの人口や教師需要，景気動向などにより採用人数や倍率に変化が発生するものです。少子化により全体的な採用状況は，今後減少すると見込まれています。しかし，現在は，十数年前と比較すると採用人数が多い傾向を示しています。これは，教師の年齢構成が大きな要因となっているからです。図8.2の通り，小学校・中学校の教師の年齢構成は，40代後半から60代の教師からなるベテラン層が，全体の5割程度を占めています。

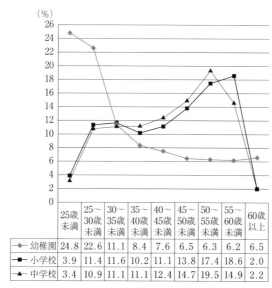

図8.2　幼稚園・小学校・中学校の教師の年齢構成
　　（注）　2013年10月1日段階における年齢構成表。なお，高等学校・特別支援学校も小学校・中学校と同じような傾向である。
　　（出所）　文部科学省（2015）の表2～4より筆者作成

229

そして、この下の世代である30代から40代前半のミドル層が少ない状況にあります。現在は、このベテラン層が、大量退職期を迎えています。このため、この大量退職者の補充として新規採用が増えており、今後は20代から30代の若手教師が増加していくことが予測されます（第1章参照）。ただし、校種や教科によるちがいもあります。たとえば、幼稚園教諭は、現在でも若手層が中心となる年齢構成となっています（第6章6-1参照）。

教師の採用の変化による課題

　大量退職を迎えているということは、補充採用として新規採用が増加することになります。このことは、教師を目指す者にとっては、採用枠が増えることを意味し、教師として採用される可能性が高まります。実際に採用倍率が低下しており、採用されやすい状況と言えると思われます。このことは、採用後に同世代の教師仲間が多くなることになり、教師としての成長・資質向上に向けて助け合い成長できる点もあると思われます。しかも、学校には、若手教師が増えることになり、学校の活性化に繋がることになるでしょう。

　これは、10数年上の世代であるミドル世代と比べてよい環境といえるでしょう。ミドル世代は、教師の採用が厳しい時代に採用試験を受けており、採用後にも同世代が少ないなどの環境で教師としてのキャリア形成をスタートしているのです。しかし、教師としての成長や教師人生の視点で見るとよいことだけではありません。

　それは、若手教師の比率が高いこと自体が一つの課題となってしまうからです。しかも、若手教師が増えているのは、ベテラン教師の大量退職によるものです。このような大規模な教師の世代交代は、今まで多くのベテラン教師が長い経験で蓄積してきた教育実践のノウハウが、継承されない危機をはらんでいるのです。このことは、学校教育の質の低下の危険性もはらんでいるのです。国もその状況を危惧しており、各種の施策を進めています。

（2）今後の教員の養成と資質向上

これまでの国の施策

　教員養成に関しては，これまでも数回にわたる教育職員免許法の改正が行われており，最新の改正においては教職実践演習が新しい科目として開講されました。また，2015年12月の中教審答申「これからの学校教育を担う教員の資質能力の向上について」を踏まえ，免許法改正が想定されその準備が進められています。一方で，研修については，初任者研修の導入や10年経験者研修の導入が行われました。近年では，免許更新講習が制度化され，研修によって教師の資質を向上させていく考えが構築されたと思われます。さらに，前述の「学び続ける教員像」が登場することになります。これは，2012年8月に出された中教審答申「教職生活の全体を通じた教員の資質能力の総合的な向上方策について」において提起された概念です。この中教審答申は，この概念だけでなく養成機関である大学と学校・教育委員会の連携の強化が提起され，また教師が取得する教員免許状については，専修免許状を基本とすることも提起されました。しかし，政権交代によってこの改革は保留される状況になっていました。

学校内の連携による研修の向上

　このような中で2015年12月中教審答申が出されます。この答申では，学校内の連携による研修の向上，養成機関である大学と学校・教育委員会の連携の強化が，教師の養成や研修を通して具体的に検討されています。その一つにメンター方式の研修が提案されています。これは，学校内の連携による研修の向上を目指すものです。初任者，若手，ミドル，ベテランからなる研修チーム（メンターチーム）を構成します。主目的は，初任者への指導ですが，この中で構成メンバーが互いに学び合い，結果としてミドルクラスの力量向上にも繋がると言います。このように，これまでの初任者のみを育てる初任者研修とは異なり，連携し合うことで関与した教師全員の資質向上を目指すという特徴があり，大規模な世代交代を迎える中で有効な方法であると考えられます。

学校現場と大学の協力連携

　教師の資質向上を目的として，教育委員会の実施する各種研修と大学・教職

大学院における研修・修学の融合も模索されています。教師が両者の機会を活かして学修したことを基にして、教師としての資質能力を高度化することや専修免許状を取得することなどを想定しているのです。

また、教師の資質向上を図るための組織づくりも模索されており、教員育成協議会（仮称）を設けることも提案されています。この組織は、都道府県・市町村教育委員会、学校関係者、国公私立大学関係で構成されることになり、教員養成指針を定め、その指針にもとづいて教員養成や教師の資質向上について協議する組織が想定されています。大学における4年間だけでなく、養成期間＋教師生活を通した教師としての成長を図る体制へと変わりつつあるのです。

これらのことを総合して考えると、これから教師を目指す人は、大学等の養成機関と教育委員会・学校が密接に協力し合う中で教師となり、さらなる資質向上を図っていく必要性があると考えられます。そのような意識・意欲を持つことが重要となっていくことになるでしょう。

〈もっと詳しく知りたい人のための文献紹介〉

佐藤晴雄『教職概論　第四次改訂版』学陽書房, 2015年。
　⇨本書の著者は、教育行政部門に所属した経験の持ち主であり、教師の視点で服務・任用など教職に関する法規について詳しくわかりやすくまとめています。また、採用試験などの対策についてもまとめており、大学在学4年間を通して使用可能なテキストです。

宮崎猛・小泉博明（編著）『〈教育技術MOOK〉実習生・受け入れ校必携　教育実習完璧（パーフェクト）ガイド』小学館, 2015年。
　⇨本書は、教育実習のガイドブックであり、図表・写真をふんだんに用いて教育実習への準備などをガイダンスしています。本書で事前準備することで教育実習に集中して取り組めるものと考えられます。また、採用試験対策についてもふれています。

坂田仰・河内祥子・黒川雅子『新訂版図解・表解教育法規』教育開発研究所, 2012年。
　⇨本書は、教育法規の参考書です。しかし、教育法規についてテーマごとに見

開きで(右ページが解説文,左ページが図表)簡潔に解説されています。教師の服務・任用などの教職に関する法規を自己学習するのに適した参考書だと思います。

〈文　献〉

中央教育審議会「教職生活の全体を通じた教員の資質能力の総合的な向上方策について」2012年。

中央教育審議会「これからの学校教育を担う教員の資質能力の向上について——学び合い,高め合う教員育成コミュニティの構築に向けて(答申)」2015年。

文部科学省「平成25年度学校教員統計調査」2015年。http://www.mext.go.jp/b_menu/toukei/chousa01/kyouin/kekka/k_detail/1356144.htm（2017年2月2日閲覧）

文部科学省「教員免許状に関するQ&A」http://www.mext.go.jp/a_menu/shotou/kyoin/main13_a2.htm（2017年1月11日閲覧）

坂田仰・河内祥子・黒川雅子『新訂版図解・表解教育法規』教育開発研究所,2012年。

佐藤晴雄『教職概論　第四次改訂版』学陽書房,2015年。

霜鳥秋則『テキスト教育制度・教育法規』ジアース教育新社,2011年。

SYNAPSE編集部「教員免許制度の改正を整理する——現在の教員免許制度はどのような観点から構築されてきたか」『SYNAPSE』第52巻,2016年。

索　引
（＊は人名）

あ　行

アイコンタクト　128
預かり保育　30, 31, 39
アセスメント　171, 204
遊び　27
アナフィラキシーショック　184
いじめ　166
いじめ対策等総合推進事業　203
意図的発信　123
意味伝達　120
＊ヴィゴツキー（Vygotsky, L. S.）　72
＊ヴェイユ（Weil, S.）　82
SSM 調査（The national survey of Social Stratification and social Mobility）　7
『エミール』　64
演劇教育　127
演劇的観点　118
園務分掌　36
欧州連合保育ネットワーク　145
応答的な関係　118
OECD 国際教員指導環境調査（TALIS）　56
＊大江健三郎　82
＊大村はま　71, 86

か　行

改正児童虐待防止法　166
開放制　5
学位課程　5
学習形態　104
学習指導案　47, 101, 109
学習指導要領　102
学習指導要領解説　102
学習方法　104
学問的子ども理解　67
仮説―実践―検証　66
家族背景　183
家族歴　183

学級経営　45
学校運営協議会制度　155
学校教育法　143
学校教員統計調査　11, 56
学校行事　51
学校支援ボランティア　155
学校生活管理指導表　195
学校の再編　8
学校評議員制度　155
学校保健　191
学校保健安全法　182, 191
学校保健安全法施行規則　184
葛藤モデル　58
ガバナンス（governance）　163
仮面　131
環境構成　93
感情伝達　120
キャリア・ステージ　43
教育課程　37, 90, 102
教育公務員　11
教育公務員特例法　2, 11
教育実習　215, 216
教育職員免許法　2, 14, 212
教育の支援　85
教育の自立　6
教育目標　89
教員勤務実態調査　55
教員採用試験　220
教員評価　18
教員評価制度　18
教員免許状　212
教員養成制度　5, 213
教科等の指導　47
共感　81
教材解釈力　105
教材研究　97, 106
行事　38
教師教育　16

教師聖職論　14
教師の研修　224
教師の孤立化　163
教師の採用　229
教師の採用数　9
教師の資質向上　16
教師の多忙化　55
教師の年齢構成　9
教師の配置　222
教師の服務　227
教授—学習過程　101
教職課程　4, 213
教職実践演習　14, 217
行政研修　225
業績評価　19
共存モデル　42, 59
協働性　20, 161
キンダーカウンセラー事業　198
勤務評定　20
空間の使い方（proxemics）　128
＊倉橋惣三　71, 86
クラブ活動　52
形成的評価　114
ケース会議　199
月案　90
健康観察　191
健康教育　186
健康相談　192
言語（バーバル）コミュニケーション　123
原則必置職員　222
県費負担教職員　219
公共距離　129
公的領域　8
校内研修　225
校務分掌　47, 50
公立幼稚園教師　223
呼応的なコミュニケーション　123
子どもによる個別性　94
子どもの姿　68
子どもの生活　26
子どもの発見　65
子どもの貧困　85, 177
子どもの貧困対策大綱　178

子供の貧困対策に関する大綱　85
子どもの貧困対策法　178
コミュニケーション　118
コミュニティ・スクール（学校運営協議会制度）　54
5領域　94

さ　行

細案　109
サラリーマン教師　14
GPA　214
ジェスチャー　124
ジェネラリスト　73
ジェンダー　143, 156
色彩（chromatics）　129
自己肯定感　71
仕事　28
自主研修　225
指定管理者制度　223
私的距離　129
私的領域　8
指導改善研修　16
指導観　111
児童観　109
児童虐待　166
指導計画　37, 90
児童相談所　170
指導と評価の一体化　107
児童発達支援　176
児童発達支援センター　175
指導力不足教員　16
社会的距離　129
自由遊び　27
週案　90
集団遊び　70, 71, 77
十年経験者研修　16
授業設計力　105
授業評価表　113
巡回相談　43, 198
小1の壁　84
小1プロブレム　201
障害児支援サービス　175
冗長性　155

索　引

職業威信　6
職場の人間関係　42
職務上の義務　227
職務の非対称性　13
職務の無限定性　13
職免研修　225
食物アレルギー　187
女性教師　156
初任者研修　16
初任者研修制度　11
自律性（autonomy）　18, 58
人事考課　19
身体表現（kinesics）　128
スクールカウンセラー（SC）　162, 203
スクールカウンセリング事業　202
スクールソーシャルワーカー（SSW）　162, 177, 203
ステレオタイプ（stereotype）　157
スマイル　128
生活　27
　　——の支援　85
性差（ジェンダー）　145
性差別　157
精神疾患　201
生徒指導　47, 49
『生徒指導提要』　49
政令指定都市教育委員会　219
設定保育　27
潜在的要求　67
専修免許状　232
専制支配（autocracy）　163
全体の奉仕者　12
選択性緘黙　197
専門的教育職員　11
早期発見　168
総合的な学習の時間　52
喪失感　40
相乗的・相補的関係　163
相対的貧困　85
『ぞうのせなか』　3

た　行

待機児童問題　148

第二次性徴　201
タイム・タイミング（chronemics）　130
＊高島善哉　65, 86
＊竹内敏晴　127
多様な子ども　83
単元の指導計画　103
男女共同参画社会基本法　156
男女雇用機会均等法　156
男性保育者　143
地域コーディネーター　55
地域（の）子育て支援　39, 185
チームとしての学校（チーム学校）　43, 57, 156, 205
チック障害　197
地方公務員　219
地方公務員法　12
注意力　83
中央教育審議会（中教審）　225
中心となる活動　30, 33
懲戒処分　12, 223
でもしか先生　6
当番活動　30, 33
同僚性（collegiality）　20, 42, 58, 161
（特別な）配慮を必要とする子ども　74, 173
特別免許状　212
都道府県教育委員会　219
共育て　79
共働き世帯　83

な　行

日案　90
日本国憲法　12
入園児家庭調査票　183
任意設置職員　222
任命権者　220
ネグレクト　186
年間計画　90
年間指導計画　103

は　行

パートナーシップ　137
バーンアウト（燃え尽き症候群）　40, 58
媒介の論理　65

237

発達障害　197
発達の最近接領域　72
パフォーマンス学　121, 122
＊林竹二　72, 86
パラ・ランゲージ（para language）　124, 125
板書計画　112
パントマイム　124
反応性愛着障害　197
PDS　113
非言語（ノンバーバル）コミュニケーション　123
非言語表現　121
非常勤講師　221
非正規雇用保育者　149
必置職員　222
評価基準　107
評価規準　107, 114
評価の猶予性　13
病児・病後児保育事業実施要綱　185
病児保育　185
表出　127
標準学級数　9
表情　128
ファーストエイド　183
服務監督者　220
普通免許状　212
不適応行動　201
プライバタイゼーション　7
プラットフォーム　85
＊フレーベル（Fröbel, F. W. A.）　143
プレゼンテーション　118
分限処分　222
分離不安障害　197
保育者　140
　　──の多忙化　40
　　──の平均賃金　149
保育職文化　147
保育所等訪問支援　175, 176
保育の総合性　94
放課後子ども総合プラン　84
放課後デイサービス　175
＊ホール（Hall, T.）　129

保健指導　186, 192
ボディ・ランゲージ（body language）　124
保父　144
保母　143
保姆養成　143

ま 行

＊マカレンコ（Makarenko, A. S.）　78
まなざし　i, 2
学びの共同体　58
見せかけの協働　161
密接距離　129
身分上の義務　227
無意図的発信　127
免許更新制　226
目標準拠評価　115
モノによる自己表現（objectics）　129
モンスター・ペアレンツ　37
モンテッソーリ教育　31

や 行

有能さ　67
養護教諭　182
幼稚園教育要領　37, 91
幼稚園教諭の職務内容　30
幼稚園の研修　39
要保護児童対策地域協議会　171

ら 行

リーダーシップ　163
履修カルテ　217
略案　109
臨時教育審議会　16
臨時的任用講師　221
臨時免許状　212
＊ルソー（Rousseau, J.-J.）　64
レディネス　101

わ 行

わざとらしい同僚性　161
『わすれられないおくりもの』　3

《執筆者紹介》

木山徹哉（きやま　てつや）編者，はじめに，第1章，第6章6-2
　　九州女子大学人間科学部 教授

太田光洋（おおた　みつひろ）編者，第2章2-1，第3章，第4章4-1
　　和洋女子大学人文学群 教授

寺川直樹（てらかわ　なおき）第2章2-2
　　東北大学大学院教育学研究科 博士後期課程

平山靜男（ひらやま　しずお）第4章4-2
　　福岡女学院大学人間関係学部 講師

山本直樹（やまもと　なおき）第5章
　　有明教育芸術短期大学子ども教育学科 准教授

荒井聡史（あらい　あきふみ）第6章6-1
　　長野県短期大学幼児教育学科 准教授

中山智哉（なかやま　ともや）第7章7-1，7-3第1節
　　九州女子大学人間科学部 講師

春髙裕美（はるたか　ひろみ）第7章7-2第1節
　　九州女子大学人間科学部 講師

杉岡品子（すぎおか　しなこ）第7章7-2第2節，7-3第2節
　　北翔大学生涯スポーツ学部 准教授

植村秀人（うえむら　ひでと）第8章
　　南九州大学教養・教職センター 講師

教 職 論
──保育者・教師の仕事をつかむ──

2017年3月31日　初版第1刷発行　　　　　　　〈検印省略〉

定価はカバーに
表示しています

編著者	木 山 徹 哉
	太 田 光 洋
発行者	杉 田 啓 三
印刷者	江 戸 孝 典

発行所　株式会社　ミネルヴァ書房
607-8494 京都市山科区日ノ岡堤谷町1
電話代表 075-581-5191
振替口座 01020-0-8076

© 木山・太田ほか, 2017　　共同印刷工業・清水製本
ISBN978-4-623-08032-8
Printed in Japan

書名	判型	頁数	本体価格
はじめて学ぶ教職論 広岡義之 編著	A5判	226頁	2400円
教職論［第2版］——教員を志すすべてのひとへ 教職問題研究会 編	A5判	252頁	2400円
新しい教職概論——教師と子どもの社会 南本長穂 編著	A5判	244頁	2500円
教職論ハンドブック 山口健二・髙瀬 淳 編	B5判	164頁	2200円
新しい特別活動——理論と実践 広岡義之 編著	A5判	210頁	2400円
発達障害児・気になる子の巡回相談 ——すべての子どもが「参加」する保育へ 浜谷直人 編著	四六判	232頁	2500円
子どもと保育者の物語によりそう巡回相談 ——発達がわかる，保育が面白くなる 浜谷直人・三山 岳 編著	四六判	272頁	2400円
教育原論——保育・教育を考える6つの視点 木山徹哉・太田光洋 編著	A5判	244頁	2500円
よくわかる子育て支援・家庭支援論 大豆生田啓友・太田光洋・森上史朗 編	B5判	208頁	2400円
幼稚園・保育所・施設実習完全ガイド〔第2版〕 ——準備から記録・計画・実践まで 太田光洋 編著	B5判	308頁	3200円

———— ミネルヴァ書房 ————
http://www.minervashobo.co.jp/